内心强大的心理学

每天读点尼采智慧

李 阳◎编著

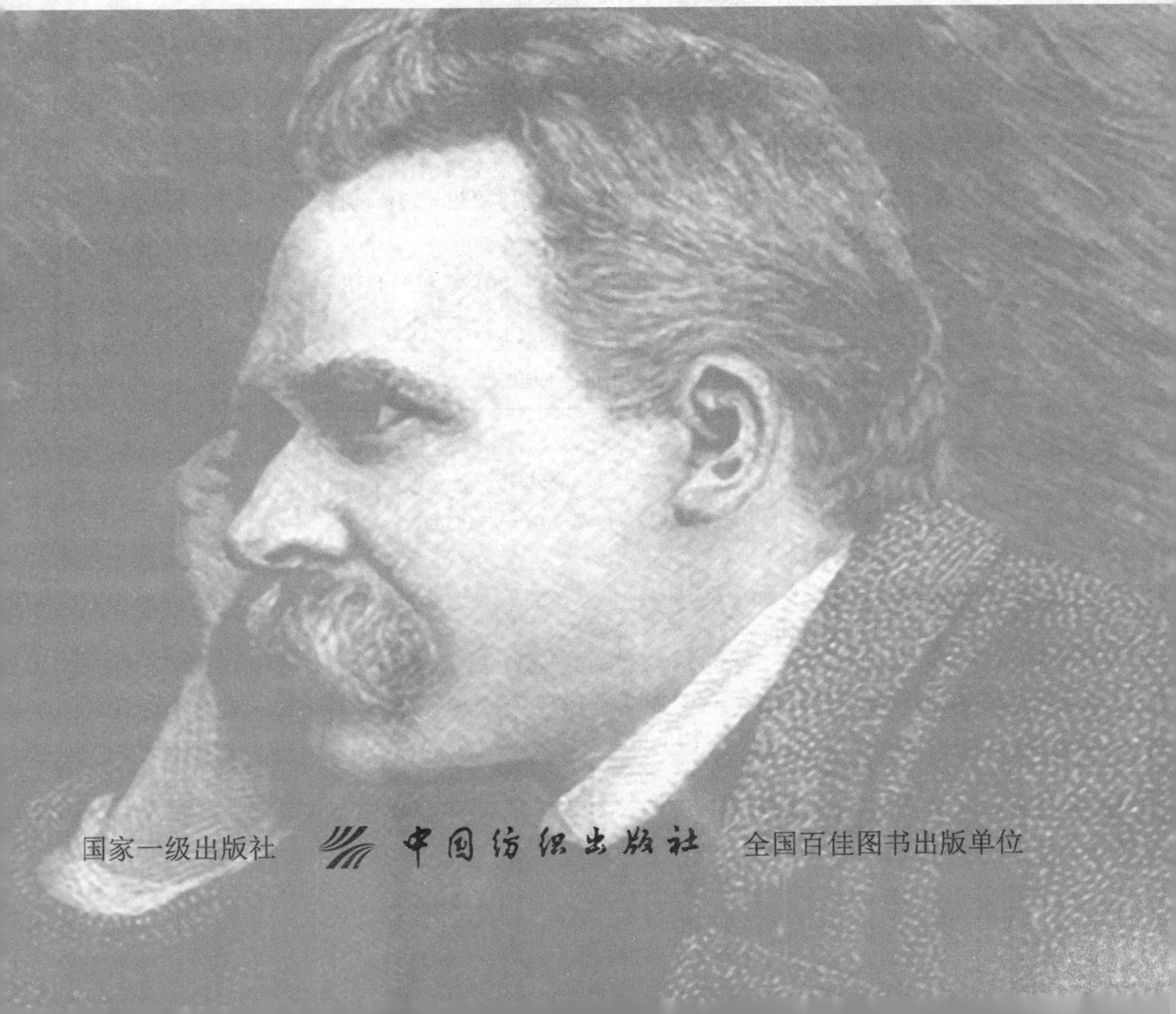

国家一级出版社 中国纺织出版社 全国百佳图书出版单位

内 容 提 要

任何人，只有内心强大，才能真正无所畏惧，也只有内心强大，才能成为生活的强者，才能在人生路上无论遇到什么都能心无旁骛、努力向前、把握幸福。

本书集结了尼采的治愈思想，并将其运用到日常生活中，面对这样一本书，我们只需打开心胸，直面内心，在书中静静地寻找答案，从而帮助我们获得心灵的锤炼，开启智慧。

图书在版编目（CIP）数据

内心强大的心理学：每天读点尼采智慧 / 李阳编著. --北京：中国纺织出版社，2018.3（2023.1 重印）
ISBN 978-7-5180-4645-4

Ⅰ.①内… Ⅱ.①李… Ⅲ.①尼采（Nietzsche, Friedrich Wilhelm 1844-1900）—哲学思想—通俗读物 Ⅳ.①B516.47-49

中国版本图书馆CIP数据核字（2018）第014718号

责任编辑：闫　星　　特约编辑：王佳新　　责任印制：储志伟

中国纺织出版社出版发行
地址：北京市朝阳区百子湾东里A407号楼　邮政编码：100124
销售电话：010—67004422　传真：010—87155801
http：//www.c-textilep.com
E-mail：faxing@c-textilep.com
官方微博http://weibo.com/2119887771
佳兴达印刷（天津）有限公司印刷　各地新华书店经销
2018年3月第1版　2023年1月第4次印刷
开本：710×1000　1/16　印张：13
字数：200千字　定价：36.80元

凡购本书，如有缺页、倒页、脱页，由本社图书营销中心调换

前言 preface

人生漫漫，尘世中的我们，大概穷其一生都在追求一个目标——幸福，然而怎样才会感到幸福呢？美国一家把幸福作为研究目的的科研机构得出结论，幸福与年龄、性别和家庭背景无关，而是来自于一份轻松的心情和一个健康的生活态度。

然而，忙碌于钢筋混凝土中的人们，逐渐被内心的不安与焦虑所困扰，甚至已经脆弱不堪，事实上，我们也逐渐意识到拥有一颗强大的心是多么难能可贵，它能让我们远离浮躁、遏制欲望、豁达为人、抵制诱惑、戒掉抱怨，能让我们的心在繁琐的生活之外找到一个依托，能让我们更好地工作、更好地生活、更好地提高自己、修炼自己。

伟大的哲学家和诗人尼采就是这样一位精神导师，尼采认为，我们只有让自己的内涵丰富起来、让自己的底蕴深厚起来、让自己的信念坚定起来、让自己的品格高尚起来、让自己的情趣超凡起来，让自己的内心强大起来，那么，幸福就会自然而然地找到你。尼采还认为，这需要我们要有哲学思维和超越的智慧才能获得。

尼采，全名德里希·威廉·尼采，为德国著名哲学家，也是一位散文家，他是西方现代哲学的先驱，他是第一位开始批判西方现代社会的人，然而，刚开始，他的观点、学说并未引起人们的重视，直到20世纪，才激起深远的影响。后来的生命哲学、存在主义、弗洛伊德主义、后现代主义，都以各自的形式回应尼采的哲学思想。虽然尼采已经离世，但这个可爱的、充满人性关怀的傲娇先哲一直深受人们喜爱，他的鼓励与呐喊一直是许多人前行困惑时的最有力支持。

尼采是最特立独行的哲学家，然而，他又是超越了哲学家、文学家、语言学家、诗人等种种界限的哲人，思想影响了一个多世纪以来的世界格局，以及现代人精神生活的方方面面。从他的著作中，我们能看到的是，他总是能以最优美方式，一语道破这个世

界的秘密，随便读到其中一句，都能让您恍然大悟，接近人生的本来面目。只要我们将尼采的哲理铭记于心，就没有人能伤害你，没有事能困扰你！

本书便是一本收集尼采一生著作中最具代表性的人生哲理的书，囊括了尼采思想的精髓，翻看本书，你会再次感受到这位100多年前的伟大哲人的思想魅力，更能帮助我们直抵未来人生的终极秘密武器!

编著者

2017年9月

目录 contents

第1章

人生精力有限，唯有一心一意做好一件事

反思自己：这一辈子就这样了吗

哪怕你一事无成，你也要尊敬自己，因为它具有改变现状的力量。何必妄自菲薄，只要你改变活法，你就能改变现状、成就理想。因此，让人生精彩的第一步就是尊敬自己。

——尼采《权力意志》

尼采的这句话的含义是：想法对人生极其重要，它决定着我们的活法，也决定着我们的成败得失。一个人，只有尊敬自己，才能看到自己的能量，也才会有追逐梦想的激情，也才能最终化渺小为伟大，化平庸为神奇。

我们都知道，喷泉的高度不会超过它的源头；一个人的成就不会超过他的信念。因此，我们若想改变现状、获得成功，就要相信自己的力量。伟大而卓越的人，之所以能够永无止境地创造和超越卓越，就在于他们拒绝接受平庸。

现代社会的人们，如果你想活出一个不平凡的人生，如果你想成为一个成功的人，那么，从现在起，就尽早摆脱那个妄自菲薄的自己吧。

推销大师吉拉德的成功，也是源于他相信自己能成功的信念。小时候吉拉德的父亲总是给他灌输一种消极的思想——“你永远不会有出息，你只能是个失败者。”这些思想令他害怕。而吉拉德的母亲却相反，她给他灌输的

是一种积极的思想：对自己有信心，你绝对会成功的，只要你想成为什么，你就能做到。从父母那里，吉拉德时时受到两种相反的力量，这两种力量一方面令他害怕，另一方面也让他产生信心。而最终，母亲传输给他的这种思想获得胜利，这就是他能实现自己的梦想的原因。

小的时候，推销大师吉拉德成天沿街卖报，在酒吧里替人擦鞋，还作过洗碗工、送货员等。长大后，他作过电炉装配工和住宅建筑承包商，并曾经换过许多个工作，但没有一个能做出成绩的。也就是说，35岁以前，他是个彻底的失败者。

后来，有朋友介绍吉拉德去一家经销汽车的公司，推销经理哈雷先生起初很不乐意。

“你曾经推销过汽车吗？”他问道。

“没有。”

“为什么你觉得自己能够胜任？”

“我推销过其他东西——报纸、鞋油、房屋、食品，但人们真正买的是我，我推销自己，哈雷先生。”

吉拉德已经重建了足够的信心，他并不在意自己已经35岁，也不在乎人们所认为的推销是年轻人干的这个观念。

哈雷笑笑说：“现在正是严冬，是销售淡季，假如我雇用你，我会受到其他推销员的责难，再说也没有足够的暖气房间给你用。”

生存的威胁已经使吉拉德变得更加坚强。“哈雷先生，假如你不雇用我，你将犯下一生最大的错误。我不要暖气房间，我只要一张桌子、一部电话，两个月内将打败你最佳推销员的记录。”吉拉德信心十足，但实际上他并没有把握。

哈雷先生终于在楼上的角落给吉拉德安排了一张满是灰尘的桌子和一部电话。就这样，吉拉德开始了自己新的事业。

哈雷先生无法相信，在两个月内，吉拉德真的实现了自己许下的诺言，他打败了公司中其他推销员的业绩，还偿还了10万美元的债务，同时也买回

了自尊！

吉拉德的推销故事再一次验证了尼采的观点——内心不渴望的东西，它永远不可能靠近自己，你必须得具有强烈的渴望成功的愿望，这一点非常重要。信心能使人产生勇气。假使我们对自己都没有信心，世界上还有谁会对我们有信心呢？哲人说得好，你听到的并不一定完全正确，也不要因为他人的议论而妄自菲薄，否则就会陷入自卑的“心灵监狱”。的确，我们发现，总是有一些人，他们除了拿自己的缺点与别人的优点相比外，他们还喜欢听那些不该信的话，然后，他们便看不清真正的自己，埋藏了自己的潜力，最终，他们变得自卑不堪。

以下是克服这一错误意识的几种方法，你不妨尝试一下：

首先，客观地认识自己，就是不仅要看到自己的优点，也要看到自己的缺点，并客观地给予评价。要做到这一点，除了自己对自己的评价，还要注意从周围人身上获取关于自己的信息。这些人可以是我们的父母，也可以是我们的朋友，也可以是我们的同事，只有这样，我们才能够逐步形成对自我的全面客观的认识。

其次，坦然接纳自己。接纳自己的优点，而容不下自己的缺点，是很多女人容易犯的错误。一个人首先应该自我接纳，才能为他人所接纳。

因此，真正的自我接纳，就是要正确看待所有好的与坏的、成功的与失败的。不妄自菲薄，也不妄自尊大，不卑不亢，才能健康地发展自己，逐步走向成功。

你还需要积极地完善自己的不足。这些不足，指的是某些“内在”的东西，比如：学识、技能、素质等。

另外，对于别人对你的批评，你需要理性地看待。因为别人批评你是免不了的，尤其我们中国人很喜欢说别人。如果你对别人的批评很在意，心里就会很难过；如果你以理性的态度、开放的心情去接受，心情反而会坦然。

练就自制力，强化心灵

> 常讲“自制力”，并不代表你就能真正做到自制，自制需要你有所行动，更需要你从小事做起。每天克制一件小事，你会成为自己行为的主人。
>
> ——尼采《漂泊者及其影子》

在尼采看来，自制的含义就是控制自我，也就是说，你要抵制盘踞在心中的欲望，不被欲望所左右，成为自己行为的主人。尼采认为，要做到自制，就不能光靠嘴上说说，要有所行动，一个人在小事上做不到自制，就不可能做成大事。的确，金无足赤，人无完人，人最大的敌人是自己。只有能够战胜自我的人，才是真正的强者。很多时候，一个人是否有自控心理，是否有自控力，它的意义就好像汽车的方向盘对于汽车一样。不难想象的是，一辆汽车，如果没有方向盘的话，它就不能在正确的轨道上运行，最终也只能走向车毁人亡。而一个自控心理强的人，就像一个有着良好制动系统的汽车一样，能够在很大程度上随心所欲，到达自己想要去的任何地方。因此，我们可以说，美好人生就是从自控心理开始的。

美国著名的心理学家米卡尔曾经做过一著名的“糖果实验”。

实验的对象是一群4岁的孩子。米卡尔将他们留在一个房间里，然后发给他们每人一颗糖，然后告诉他们：“你们可以马上吃掉软糖，但如果谁能坚持到我回来的时候再吃，就能得到两块软糖。”他离开后，大概30%的孩子因为经受不住糖的诱惑而吃掉了糖；有一部分孩子一再犹豫、等待，但还是忍不住诱惑，将糖塞进了嘴里吃了；而另外一部分孩子却通过做游戏、讲故事甚至假装睡觉等方法抵制诱惑，坚持了下来。20分钟后，实验者回到房

间，坚持到最后的孩子又得到了一块软糖。

实验者跟踪研究了14年后，发现前后两种孩子的差异非常显著。坚持下来、自制能力强的孩子社会适应力较强，较为自信，人际关系也较好，也较能面对挫折，会积极迎接挑战，不轻言放弃。相反，那些自控力差的孩子怯于与人接触，优柔寡断，容易因挫折而丧失斗志，经常否定自己，遇到压力容易退缩或不知所措，更容易嫉妒别人，更爱计较，更易发怒且常与人争斗。这些孩子在中学毕业时又接受了一次评估，结果表明，4岁时能够耐心等待的孩子在校表现更为优异，他们学习能力较好，无论是语言表达、逻辑推理、集中精力、制订并实践计划、学习动机等都比较好。更让人意外的是，这些孩子的入学考试成绩普遍较高，而最迫不及待吃掉糖果的那三成孩子，成绩则最差。

由此，我们可以看到，一个人要想成功，跟他能不能自控有着非常紧密的联系。我们可以看到的是：古往今来，凡是成功人士，他们往往具有一个共性特质：善于自律，以达到某种目标。如儿童时期的德国音乐家巴赫多次徒步行走90多里路，就是为了去汉堡听一位管风琴大师的演奏，这么长时间的坚持，除了他对音乐的热爱以外，便是他的自控力支撑着他。越王勾践卧薪尝胆的故事相信大家都听过，他能够一雪前耻灭掉吴国，除了他心中强烈的复仇意愿之外，还有他令人钦佩的自控力。

可见，我们每一个人都应该认识到自控心理对于人生发展的重要性。只有坚决地约束自己、战胜自己，最终才能战胜困难，取得成功。

保罗·盖蒂是美国的石油大亨，但谁也没想到的是，他曾经是个大烟鬼，烟抽得很凶。

曾经有一次，他在一个小城市的小旅馆过夜，半夜的时候，他的烟瘾犯了，就想找一根烟抽，但他摸了摸上衣的口袋，发现是空的。他站起来，开始在包里、外套口袋里等地方寻找，可是都没有。于是，他穿上衣服，想去外面的商店、酒吧等地方买。

就在盖蒂穿好了出门的衣服，在伸手去拿雨衣的时候，他突然停住了。他问自己：我这是在干什么？

盖蒂站在门口想，一个应该算得上相当成功的商人，竟然在半夜要冒雨走几条街去买一盒烟？没多会儿，盖蒂下定了决心，把那个空烟盒揉成一团，扔进了纸篓，脱下衣服换上睡衣回到了床上，带着一种解脱甚至是胜利的感觉，几分钟就进入了梦乡。

从此以后，保罗·盖蒂再也没有拿起过香烟，他的事业越做越大，成为世界顶尖富豪之一。

这里，我们看到了一个真正的强者，他懂得约束自己的行为，懂得为自己的所作所为负责。这样的人必当能在人生道路上把握好自己的命运，不会为得失翻车。

我们听过这样一句话“上帝要毁灭一个人，必先使他疯狂”。这句话的意思是，一个人，一旦失去自制力后，那么，他距离灭亡的距离也不远了。的确，一个人连自己的行为也不能控制，又怎么能做到以强烈的力量去影响他人，获得成功呢？

总之，失去控制的人生最终会使你失败。只有自制的人，才能抵制诱惑，有效地控制自身，把握好自我发展的主动权，驾驭自我。否则他将无法成功。

让自己在最短时间内完成蜕变

人总在不断长大，甚至脱胎换骨，我们要坦然接受自己的变化，进而让自己更快地焕然一新。

——尼采《快乐的知识》

尼采这句话是要告诉我们，每个人都是在不断成长，观念和思维也在不断

改变，曾经我们坚信的真理，如今却成了错误，过去坚持的原则和信条，如今也发生了变化。这些改变并不是因为他们曾经的想法是错误的，也并不意味着我们曾经是无知的，只是万事万物都在变化而已。对于曾经的我们而言，那些我们坚持的就是正确的，只是随着时间的推移，我们不再需要了解而已。

因此，生活中的任何一个人，如果想要获得快乐，就要放开心胸，就要学会坦然地接受自己的变化。

曾经有两个年轻人失业了，他们来寻找拿破仑·希尔，想询问他如何才能变得积极起来。拿破仑·希尔说："我记得刚开始时，我供职于一家信息报道公司，这家公司的待遇并不好，不过我已经很满足了。后来，公司因为业绩不怎么样，不得不裁员，像我这样对公司毫无用处的人自然就是在裁员之列了。果然，不久后，我就会收到了公司的裁员通知。刚开始，我真是万念俱灰，我失业了，我该怎么办。但很快，我冷静下来，我发现，离开这个工作岗位是有好处的，因为我不喜欢这份工作，也不会有什么大作为，我只有离开这儿，才能有找个好工作的机会。果然不久我便找到一个更称心的工作，而且待遇也比以前好。我因此发现被辞退这件事，确实是件好事。"

拿破仑·希尔总结，把失败转变为成功，往往只需要一个想法，紧跟以一个行动。我们发现，那些成功者，他们都是勇敢的、理智的，即使遇到了失利，他们也能尽快调整过来。当面临新的变化，他们能化悲痛为力量，把失利当成提升自己的有一次机会。

有人说，人生像一只口袋，当袋口封上的时候，人们会发现，里面装的全是没有完成的东西和令人遗憾的东西。但即使如此，我们都不要一味地沉浸在悔恨和遗憾中，因为陷入悔恨中，你就无法取得新的进步。

英国也有一句名言：别为牛奶洒了而哭泣。这些都告诉我们：如果你不小心在人生旅途上栽了个跟头，请千万不要沉浸在失败的阴影中，要调整好自己的状态，继续走好往后的每一步，否则等待你的将会是无尽的失败。

现实生活中的人们，可能经常会遇到这样的情况：某次考试你因粗心而

成绩不佳、某次团队合作中因为你的疏忽而影响了整个团队的成绩，对此，你肯定很懊恼，但懊恼又有何用？不停地抱怨、不断地自责，你只会将自己的心境弄得越来越糟。尘世之间，变数太多。事情一旦发生，就绝非一个人的心境所能改变。伤神无济于事、郁闷无济于事，一门心思朝着目标走，才是最好的选择。相反，如果跌倒了就不敢爬起来，就不敢继续向前走，或者就决定放弃，那么你将永远止步不前。

的确，这个世界上没有任何事是一成不变的，生命在不断向前，我们生活的世界也是如此，为此，我们必须要做到与时俱进，调整好自己。一个人只有以积极的、阳光的心态看待周围的人和事，才能拥有快乐的心情，这就需要我们学会转换思维，时时心存感激，不忘欣赏生活的美好，保持均衡的生活，让每一天都过得有意义。

面对变化，我们若想取得进步，就要走出悔恨和自责的心理误区，你应学会勉励自己："我要振作精神，跟命运搏斗，我要把痛苦化为力量，设法有所建树。"实际上，在变化面前，正需要我们停下来好好想想、歇歇脚步，失利正好给了我们反省的机会，这更利于我们看到自己的不足。

对此，你可以从以下几个方面调整自己：

（1）仔细分析现状，找到自己的问题，不要怪罪于任何人。

（2）给自己重新制订一份计划，这份计划必须要考虑到前一次失败的原因。

（3）想象一下自己在获得成果后的欢愉场景。

（4）收起那些曾经让你不快的记忆，它们现在已经变成你未来成功的肥料了。

（5）重新出发。

你可能必须再三试行这五个步骤，才能如愿达成目标。但重要的是每尝试一次，你就能够增加一次收获，并向目标更加近一步。

总之，无论过去如何，无论你犯了多大的错误，你都要学会坦然接受。只有收拾好心情，尽力走好未来的每一步，我们才会有更美好的明天！

理解自己的为什么，就能找到答案

你需要搞清楚的问题是，为什么要做这件事？为什么想成为那样的人？为什么要走那条路？这些问题正是自己人生迷茫的关键所在，不了解这些问题，你也就找不到人生的答案。

——尼采《偶像的黄昏》

尼采的这句话是要告诉生活中的人们，一定要善于思考，思考自己脚下的路到底适不适合自己。我们绝不能人云亦云、盲目跟风，这只会浪费自己的时间。只有弄清楚自己到底想成为什么样的人，想做什么样的事，我们才能真正找到一条对的人生路。事实上，我们不难发现，那些真正的成功者多半都是特立独行的，在他们追求成功的道路上，他们的周围也有各种不同的声音，但他们从不怀疑自己的动机，他们坚持自己的想法，最终，他们成功了。对于我们的人生也是如此，如果一味地走别人走过的老路、毫无创新的话，那么，你也只能复制出别人的未来；如果你寻找到属于自己的、正确的活法，那么，你的未来就是美好的。

关于人生的路，我们一定要用心思考，你会发现，任何一个成功的故事无不来自于一个伟大的想法。

现实生活中，一些人在人生发展的道路上，却把命运交付在别人手上，或者人云亦云，盲目跟风，他们忽视了自己的内在潜力，看不到自身的强大力量，甚至不知道自己到底需要什么，不知道未来的路在哪里，于是，他们浑浑噩噩地度过每一天，一直在从事自己不擅长的工作，以至于一直无所成就。事实上，来自大多数人习惯的规则，才是禁锢我们头脑的一大天敌。不论个人还是企业，一旦头脑被禁锢，他的发展就一定受到限制。我们只有善于思考，打破这种定式，才能找到属于自己的路。那个引起诸多争议的人物

拿破仑，他可谓是当时欧洲政坛最没“规矩”的人物了。

他从政没有规矩：一个没有贵族血统、没有门第背景的人，依靠娶了一个有钱的寡妇，挤进了法国政坛。他打仗没有规矩：别人都是列着队敲着鼓走到跟前了再放枪，可他打仗是先用大炮轰，然后再让骑兵冲上去一顿乱砍。他曾下达过一条著名的指令：“让驴子和学者走在队伍中间。”在拿破仑的远征军中，除了2000门大炮外，还带了175名各行业的学者以及成百箱的书籍和研究设备。他用人没有规矩：除了法国，当时没有任何一个欧洲国家的元帅是鞋匠、木工、小摊贩，可他的26位元帅中，有24位出身于此类平民。他甚至连加冕都没有规矩：别的皇帝都是跪下让教皇把王冠给他戴上，他竟然是站起来抓过王冠，自己给自己戴上的！

如同当时欧洲的贵族们怒斥的那样：拿破仑这个土匪是世界上最没有规矩的人！但他成为了蜚声于世的拿破仑，成为一代代“军事迷”追逐的神话。规矩是一种标准、法则和习惯，合乎标准和常理的人总是规矩最忠实的践行者，但他们终生踏着别人的脚印走路，毫无创意可言。

生活中的人们，如果你还在走别人的老路，还在感叹自己的碌碌无为，那么，要改变现状，你首先就要懂得反省，及时悬崖勒马。你有必要认真检查一下：你是不是在走别人的老路？你是不是应该重新思考自己的人生？

修炼你的价值，成为对他人有用的人

> 快乐的源泉在于帮助他人，成为对他人有用的人。这样你便会感到自己存在的意义，享受最为纯粹的喜悦。
>
> ——尼采《人性的，太人性的》

这段话是要告诉我们的是，帮助别人，自己感到愉悦，因为你实现的是自己的价值，是对自己的一种认可和喜欢。这种成就感，是物质享受无法带来的，帮助别人的快乐，是最纯粹的快乐。

有人说，一个人的内心是否健康、是否充实、是否快乐，来自于他对周围人和社会的付出和奉献。的确，奉献对于我们来说是一种责任，也是一种义务。我们生活在社会中，是整个社会集体的一员，我们在享受社会资源的同时也应该懂得感恩，懂得向社会回报，这样才能保证我们生存环境平衡，保证人类长期的发展。否则，如果大家都只索取不奉献，任何人的幸福都无从谈起。

相信你应该听过科学家海斯德，我们来看看他的故事：

鲍尔·海斯德是美国一位研究蛇毒的科学家。他小时候看到全世界每年有成千上万人被毒蛇咬死，就决心研究出一种抗蛇毒药物。他从15岁起，就在自己身上注射微量的毒蛇腺体，并逐渐加大剂量与毒性。

这种试验是极其危险和痛苦的。每注射一次，他都要大病一场。他身上先后注射过28种蛇毒。经过危险与痛苦的试验，终于有了收获。他一共被毒蛇咬过130次，每次都安然无恙。海斯德对自己血液中的抗毒物质进行分析，试制了一些抗蛇毒的药物，从而救治了成千上万名被毒蛇咬伤的人。

海斯德“以身试毒”，只为救助更多的人，这就是一种伟大的奉献精神，我们不得不被海斯德这种强大的精神力量所折服。的确，没有这样一份高尚的人格，又怎样有这样强烈的社会责任感？又怎么会不顾生命危险，一次又一次地以自己为实验对象？

在一些人看来，对社会奉献是一种付出，而其实，它却会给你带来更多的收获。可能我们失去了暂时的利益，失去了眼前的所得，但是我们在为别人付出的同时获得了尊敬，这是不能用利益和金钱所衡量的，在未来我们今天的付出将回报更多的收获。

可见，付出是会让我们感到快乐的。有名言说得好：关心他人，竭尽全力去帮助别人，会使人变得慷慨；关心别人的痛苦和不幸，设法去帮助别人

减轻或消除痛苦和不幸，会使人变得高尚；时常为他人着想，会丰富自己的生活，增加自己的涵养，最终，我们会收获更多的快乐！

当然，这里的“付出”不仅仅是嘴上说说而已，需要我们把它带到生活中。

具体说来，你可以从以下几个方面努力：

首先，你应学会关心他人。你可以从关心周围的人开始，比如你的父母、你的同学、你的朋友等。一个人，如果对自己周围的人都不关心，又怎么可能关心其他人呢？因此，如果你的朋友需要你的帮助，千万不要袖手旁观，要给予他实在的帮助并加以安慰。在这种举动中，你将会体验到帮助别人的快乐。

其次，要表达自己的真诚和关切。帮助别人，不要表现出太强的目的性，你的关心应该是真诚的、发自内心的，这样才能使别人愉快地接受，我们才会得到心灵的满足和愉悦。

另外，生活中，我们要多为别人设想。即使帮助他人，你也不应该表现出高高在上的姿态，这样会伤害到他人的自尊。另外，要先设身处地为别人着想，再提供帮助，只有这样，我们才能恰到好处地帮助别人，而不会出现好心办坏事的情况。

当然，助人的最直接的方式还是经常参加一些慈善活动或者助人的社会实践活动。

也许你会认为，我没有比尔·盖茨式的物质财富，对于社会，无法做到巨大的财富奉献，但真正的奉献不是用财富来衡量的。只要你不吝啬付出，在他人需要帮助的时候伸出援助之手，那么，你的人生财富也就在不断积累，你的人生就在不断充实！身为社会人，你也应从责任的角度看，你必须要有一颗爱别人、爱社会、肯奉献的心，才能被人尊重，为人称颂！

人生精力有限，不必关注太多

人生苦短，一双脚走不完世间那些看似美好的路。我们应该趁着年轻时脚踏实地，认清自己前进的方向，并沿着这一方向持续钻研，这样一定能令自己更加贤明与充实。

——尼采《漂泊者及其影子》

很明显，尼采的这段话是要告诉我们，要趁年轻，专注于一件事，脚踏实地去做。伊格诺蒂乌斯·劳拉有一句名言："一次做好一件事情的人比同时涉猎多个领域的人要好得多。"在太多的领域内都付出努力，我们就难免会分散精力，阻碍进步，最终一无所成。

然而，现实生活中，我们发现，有这样一些人，他们有太多的空想，他们要么同时对很多事都感兴趣，要么当事情出现阻碍时就进行目标转移，但是，任何目标的实现，正像许多人所做的那样，不仅需要耐心等待，而且还必须坚持不懈地奋斗和百折不挠地拼搏，就像在滑铁卢击败拿破仑的惠灵顿将军那样。切实可行的目标一旦确立，就必须迅速付诸实施，并且不可发生丝毫动摇。

《聊斋志异》中有一则故事：

两个调皮的牧童进了深山，看到一个狼窝，发现了两只小狼崽。他们准备带走这两只小狼崽，老狼看到后，心急如焚，就准备抢回小狼崽。

聪明的牧童迅速抱着小狼崽分别爬上大树，两树相距数十步。老狼在树下准备救狼崽，但却发现两只狼崽被放在不同的树上。

并且，一个牧童在树上掐小狼的耳朵，弄得小狼嗷嗷叫，老狼闻声奔来，气急败坏地在树下乱抓乱咬。此时，另一棵树上的牧童拧小狼的腿，这只小狼也连声嚎叫，老狼又闻声赶去。老狼不停地奔波于两树之间，终于累

得气绝身亡。

这只狼之所以累死，原因就在于它企图救回自己的两只狼崽，一只都不想放弃。实际上，只要它守住其中一棵树，用不了多久就能至少救回一只。

为此，我们需要明白一个道理，不要有太多的空想，而要专注于眼前的工作。在生活中的多数情况下，对枯燥乏味工作的忍受和含辛茹苦，应被视为最有益于人身心健康的原则，为人们所乐意接受。阿雷·谢富尔指出："在生活中，唯有精神的、肉体的劳动才能结出丰硕的果实。奋斗、奋斗，再奋斗，这就是生活，唯有如此，也才能实现自身的价值。我可以自豪地说，还没有什么东西曾使我丧失信心和勇气。一般说来，一个人如果具有强健的体魄和高尚的目标，那么他一定能实现自己的心愿。"

18世纪早期就读于牛津大学的圣·里奥纳多在一次给校友福韦尔·柏克斯顿爵士的信中谈到他的学习方法，并解释自己成功的秘密。他说："开始学法律时，我决心吸收每一点获取的知识，并使之同化为自己的一部分。在一件事没有充分了解清楚之前，我绝不会开始学习另一件事情。我的许多竞争对手在一天内读的东西我得花一星期时间才能读完。而一年后，这些东西，我依然记忆犹新，但是他们却早已忘得一干二净了。"

的确，成功者之所以成功，就是因为在专注的过程中，经过了沮丧和磨炼，最终造就了天才。

福韦尔·柏克斯顿认为，成功来自一般的工作方法和特别的勤奋用功，他坚信《圣经》的训诫："无论你做什么，你都要竭尽全力！"他把自己一生的成就归功于"在一定时期不遗余力地做一件事"这一信条的实践。

相反，那些对奋斗目标用心不专、左右摇摆的人，对琐碎的工作总是寻找遁辞，懈怠逃避，他们注定是要失败的。如果我们把所从事的工作当作不可回避的事情来看待，就会带着轻松愉快的心情，迅速地将它完成。瑞典的查尔斯九世在年轻的时候，就对意志的力量抱有坚定的信念。每每遇到什么难办的事情，他总是摸着小儿子的头，大声说："应该让他去做，应该让他去做。"和其他习惯的形成一样，随着时间的流逝，勤勉用功的习惯也很容易养成。因此，即使是一个才华一般的人，只要他在某一特定的时间内，全身心地投入和不屈不挠地从事某一项工作，他也会取得巨大的成就。

总之，我们要记住的是，在对有价值目标的追求中，坚韧不拔的决心是一切真正伟大品格的基础。充沛的精力会让人有能力克服艰难险阻，完成单调乏味的工作，忍受其中琐碎而又枯燥的细节，从而使他顺利通过人生的每一个“驿站”。

第2章

心灵蜕变，靠自己成长起来

别 让固定思维成为人生路上的绊脚石

> 试图解读人生，我们将会面临一个两难境地。
>
> ——尼采《玩笑、欺骗与复仇》

尼采这句话是什么含义呢？尼采的解释是，任何事物都是可以解读的，而如何解读，关键在我们自身，每个人采取的视角、立场、方法的不同，所解读的答案也是不同的。然而，无论我们如何解释，从你解释的那一刻开始，就注定了我们已将自己置身于解释之中。这意味着你已被解释所束缚，只能从解释得通的视角来观察事物了。

也就是说，我们所解读的答案会影响我们的判断，这种判断甚至是片面的、错误的，而如果不做解读，我们根本无法判断，也就无从下手处理事物。这便是解读人生时所要面临的两难境地。

那么，如何跳出这一两难的怪圈呢？也许我们所做的，就是尽量不受思维的束缚，尽量从多角度考虑问题，只有这样，我们才能解放自己的思维，获得与众不同的成就。

在数几十年前，几乎所有人都认为只有硬件才能赚钱，比尔·盖茨是第一个看到软件前景的商人，而且“以软制硬”，把其软件系统应用到所有的行业或公司。微软开发的电脑软件的普遍使用，改变了资讯科技世界，也改变了人类的工作和生活方式。人们把盖茨称为“对二十世纪影响最大的商界

领袖”，一点也不过分。现在，传统经济已让位于创造性经济。美国统计表明，只有31万员工的微软公司，市场资本总额曾高达6000亿美元。

微软还是第一家提供股票选择权给所有员工作为报酬的公司。结果，创造了无数百万富翁甚至亿万富翁，也巩固了员工的忠诚度，减少了员工的流动。这一方法被别的企业竞相采用，取得了巨大的成功。微软处处领先，靠的是什么？就是创新。要最大限度地发挥人的潜能，就不要受制于自缚手脚的想法。成功者相信梦想，也欣赏清新、简单但很有创意的好主意。

我们先来看看通用公司在管理创新上的经验。

杰克·韦尔奇提出的“无边界行为”，打破通用公司各大业务集团的界限，像“小公司”一样灵活，已经成为通用非常重要的管理价值观。通用所有部门的所有员工都已接受了这种工作方式，相互之间有非常好的沟通环境和团队合作的氛围。“无边界行为”不但不会和有序的组织管理发生冲突，反而为通用创造了一种自由、轻松、平等的沟通环境。

通用电气公司开始谈论“绿色创想”时，解决了这一问题。首席执行官杰夫·伊梅尔特说：“寻找可持续性更高的经营方式，这种社会发展趋势显而易见，如果能乘此东风，我们就会为将来的发展而占得先机。通用电气公司开展了一次绿色审核，找出他们已有的在业内一流的绿色产品，并开始对雇员突出强调这些现成的绿色产品的领域。LED3照明系统（可以发出很亮的光，但所耗电能仅为相同照度灯具耗电量的10%）就是这样的领域。我们就是那种能在日益注重可持续性的新业务环境中获得成功的人”。

通用的变革成功了！这一成功得益于“无边界行为”的提出，杰夫·伊梅尔特说：“杰克·韦尔奇要把他的思想、公司的战略告诉通用全球的员工，员工的想法也与他沟通，建立相互理解、为了共同目标携手努力的氛围。当企业面临变革或危机时，最重要的事情就是与员工进行沟通。”

生活中的人们，我们也要从盖茨和杰夫·伊梅尔特的故事中获得启示，身处于现实社会，当一些事物已经改变的时候，切记不要再按照原来的规则做事，否则一定会因为忽视游戏规则的变化而使自己的财富白白流失，甚至

丧失获得更多财富的机会。

总之，人是善于思考的动物，处于竞争激烈、变化多端的社会中，当我们一旦发现自己的定位与现实不合拍的时候，调整步伐才是最明智的选择。

消除恐惧，控制并且强化自我意识

总是被小事扰乱心绪的人，看似细腻，实则心怀恐惧。

——尼采《玩笑、欺骗与复仇》

为什么这些人会有这样的心理呢？尼采的解释是：因为他们担心自己会失败，自己的想法会被他人左右，担心自己会遇到麻烦。

生活中，你可以发现这样一些人，他们总是低头不语，给人的感觉是温顺、和气，但一旦发起脾气来，着实令人招架不住，这是为什么呢？因为他们心思更加细腻，他们会把内心的不快、恐惧郁结在心中，当他们的恐惧被挖掘出来的时候，他们的脾气就会爆发出来，甚至一反常态、咆哮起来。但对于那些自信、内心强大的人，他们更善于抒发内心的情感。

因此，任何一个渴望成功的人都要学会控制并且强化自我意识，遇事要沉着冷静，排除外界干扰或暗示，学会自主决断。

我们来看看下面这个故事：

小泽征尔是世界著名的音乐指挥家。一次，他去欧洲参加指挥家大赛，在进行前三名决赛时，他被安排在最后一个参赛，评判委员会交给他一张乐谱。小泽征尔以世界一流指挥家的风度，全神贯注地挥动着他的指挥棒，指挥一支世界一流的乐队，演奏具有国际水平的乐章。

正演奏中，小泽征尔突然发现乐曲中出现不和谐的地方。开始，他以

为是演奏家们演奏错了，就指挥乐队停下来重奏一次，但仍觉得不自然。这时，在场的作曲家和评判委员会权威人士都郑重声明乐谱没问题，而是小泽征尔的错觉。他被大家弄得十分难堪。在这庄严的音乐厅内，面对几百名国际音乐大师和权威，他不免对自己的判断产生了动摇，但是，他考虑再三，坚信自己的判断是正确的，于是，大吼一声："不！一定是乐谱错了！"他的喊声一落音，评判台上那些高傲的评委们立即站起来向他报以热烈的掌声，祝贺他大赛夺魁。原来，这是评委们精心设计的圈套。前面的选手虽然也发现了问题，但却放弃了自己的意见。

为什么小泽征尔能做到"挑战权威"，并大胆地告诉评委们："不！一定是乐谱错了"？因为他能坚持自我，有很强的自我意识。而倘若他不能坚信自己的判断是正确的，和其他几位选手一样，即使发现了问题，也不敢提出来，或者放弃自己的意见，那么，在这场比赛中，他也只能和其他选手一样，被淘汰出局。

生活中的我们，却做不到小泽征尔这样，常被身边的各种问题困扰、烦心，因为我们太容易被周围人们的闲言碎语所动摇，太容易瞻前顾后，患得患失，以至于给外来的力量左右我们的机会。这样，似乎谁都可以在我们思想天平上加点砝码，随时都有人可以使我们变卦，结果弄得别人都是对的，自己却没有主意，这真是我们成功途中的一个大障碍。那么，具体来说，我们该如何做到控制自我意识，不为他人的言论动摇呢?

1. 树立自信心

树立自信心是战胜胆怯退缩的重要法宝。胆怯退缩的人往往是缺乏自信的人，对自己是否有能力完成某些事情表示怀疑，结果可能会由于心理紧张、拘谨，使得原本可以做好的事情弄糟了。

因此，你在做一些事情之前就应该为自己打气，相信自己有能力发挥自己的水平，然后按照想法，自己去努力就可以了。

2. 不要总是依赖他人

那些习惯依赖他人的人会把听从他人的意见当成一种习惯。因此，要树

立并强化自我意识，就需要我们首先改正这种不良习惯。你可以查一下自己的行为中哪些是习惯性地依赖别人去做，哪些是自做决定的。可以每天做记录，记满一个星期，然后将这些事件分为自主意识强、中等、较差三等，每周做小结。

3. 要增强自控能力

对自主意识强的事件，以后遇到同类情况应坚持做。对自主意识中等的事件，应提出改进方法，并在以后的行动中逐步实施。对自主意识较差的事件，可以通过采取提高自我控制能力来提高自主意识。

4. 独立解决问题

要克服摇摆不定的习惯，就得在多种场合提倡自己的事情自己做。因此，生活中，你再也不要让朋友或者父母当你的贴身丫鬟了，也不要让他人帮你安排所有事。比如，独立准备一段演讲词，独立地与别人打交道等。

可见，人性有很多弱点，比如虚荣、自私、嫉妒、盲目，等等。其中，缺乏主见会影响到一个人一生的命运。所幸的是，这些弱点虽然与生俱来，很难彻底消除，但是我们自己可以想出办法来克服它们、抑制它们或者引导它们朝着有利于自我的方向发展。日常生活中，我们需要控制并强化自我意识，敢于坚持自我，绝不能被他人之言动摇。

千万别让情绪影响自己的判断

有时候，你所表达的只是你的情绪而非事实，你所拘泥的是对事物的想法和态度，而非事物或情况的本质。

——尼采《曙光》

尼采这句话是要告诫日常生活中的人们，千万别让情绪影响自己的判断、做事。的确，人是情绪化的，大多数情况下，处于情绪下的人们并不能看到事物的真实状况或本质，他们会拘泥于自己当时的想法，很容易做出错误的判断。

的确，情绪是一把双刃剑。当情绪被我们牢牢地掌握时，情绪就成为我们驯服的奴隶，我们便随时可以让坏情绪远离我们。无论顺境逆境，我们始终能保持冷静的头脑从容面对，泰然处之眼前的事，体现修养和品质。但当情绪占据了我们的生命而挥之不去时，我们便沦为了情绪的奴隶。此时，坏的情绪可能使我们变得盲目、冲动、急躁、易怒，生活的常规被改变，人生的帆船在飘摇，于是失落、伤感、沮丧、绝望接踵而至，甚至歇斯底里，我们最终被情绪逼近了死胡同。其实，谁都有坏情绪，面对坏情绪，只要我们调节，就能及时消除它，其中，重要的方法之一就是转移法。

美国金融公司经理伍德亨先生能够取得辉煌的成就，得益于他年轻时养成的一种调整情绪的习惯。那时，他还是一个公司里的小职员，受到同事们的轻视。

一次，他忍无可忍，决定离开这个公司。临行前，他用红墨水把公司里每一个人的缺点都写在纸上，将他们骂得体无完肤。骂完后，他的怒气逐渐消去，决定继续留在公司。从那次以后，每当心中愤怒的时候，他总是把满腹牢骚都用红墨水写在纸上，立刻感觉轻松不少，好像一个被放了气的皮球一样。这些纸条一直被他隐藏起来，从不拿给别人看。后来，同事们知道他的这种宣泄怒气的方法后，都觉得他极有涵养。上司知道后，也对他青睐有加。

坏情绪是影响人际关系的“无形杀手”，然而，我们却无一例外地受七情六欲的影响和支配。所以，我们要学会转移，通过其他行为，来转移自己的注意力，而逐渐淡化坏情绪。

每个人都会对身边的事情产生一些负面情绪，但自控能力强的人善于以正确的方式排解心中的不快，而不是将情绪传染给身边的人，让他们成

为我们情绪发泄的对象。面对情绪，我们可以通过开展视野的方法，把情绪放走。

那么，当情绪产生时，我们该如何排除内心干扰，赶走“坏情绪”呢？

1. 尝试着让自己安静下来

如果你的心无法安静的话，你可以尝试着先换一下环境，然后闭上双眼，深呼吸，慢慢放松，多尝试几次会好点。

2. 复杂问题简单化

如果你因为想一个问题想得太过于复杂的话，可以尝试着问自己，自己想这个问题究竟是为什么，什么让自己变得这样，多问几次后，自己就可以了解自己的困惑，从而从心底去除这个杂念。

3. 要学会在强烈的吵闹声、人多的环境中专心学习的本领

曾有伟大人物介绍过他们在大街十字路口专心看书的本领。因为环境在一定程度上是自己无法限制的，只有依靠自己的高度自制能力，才能提高抗干扰能力。

4. 养成良好的睡眠习惯

如果你是“夜猫子”型的，奉劝你学学“百灵鸟”，按时睡觉，按时起床，养足精神，提高白天的工作效率。

5. 学会做些放松训练

舒适地坐在椅子上或躺在床上，然后向身体的各部位传递休息的信息。先从左脚开始，使脚部肌肉绷紧，然后松弛，同时暗示它休息，随后命令脚脖子、小腿、膝盖、大腿，一直到躯干的休息。之后，再从躯干开始到颈部、到头部、脸部全部放松。这种放松训练的技术，需要反复练习才能较好地掌握，而一旦你掌握了这种技术，会使你在短短的几分钟内，达到轻松平静的状态。

有这么一句流行的术语：好的情绪带你进天堂，坏的情绪带你住牢房，甚至会住进十八层地狱！增强运用情绪的能力，就需要我们做到，时时心存感激，不忘欣赏生活的美好，保持均衡的生活，让每一天都过得有

意义。

坦然面对他人的不喜欢

你怎么可能让全世界的人都喜欢你，既然如此，别太在意有些人的看法，以平常心面对吧。

——尼采《人性的，太人性的》

诗人但丁也曾说："走自己的路，让别人去说吧。"的确，我们不可能获得所有人的支持和认同。面对他人的不喜欢，我们应该持有坦然的态度。

我们不难发现，那些真正的成功者多半都是特立独行的，他们从不奢求让所有人喜欢他们。在他们追求成功的道路上，他们也听到了一些闲言碎语，但他们始终坚持做自己，坚持自己的信念，最终，他们成功了。因此，生活中的我们也要学会明白一个道理：让所有人都喜欢我们是很不成熟的想法，不必委曲求全，做好自己，你才能获得快乐。

把事情做好的方法有很多，但首要的一条就是"不要试图把所有的事情都做好"，处理人际关系的准则也有很多，但最重要的一条是"不要试图让所有人都喜欢你"。因为这不可能，也没必要。

有人问孔子："听说某人住在某地，他的邻里乡亲全都很喜欢他，你觉得这个人怎么样？"

孔子答道："这样固然很难得，但是在我看来，如果能让所有有德操的人都喜欢他，让所有道德低下的人都讨厌他，那才是真正的君子呢。"

"你不可能同时得到所有人的喜欢。"美国前任国务卿鲍威尔这样总结自己的为人处世之道，与两千年前的孔子有异曲同工之妙。世界上确实有

不少人，你越是努力和他结交，努力给他帮忙，他越是不把你放在眼里。反之，如果你做出成绩了，又不狂妄自大，自然能赢得别人的敬重。

然而即使你做得再完美无缺，也没有招惹任何人，仍然会有人看不惯你，仍然会有很多不利于你的传言。对某些心胸比较狭隘的人来说，你不需要招惹他，你在某方面比他优秀，这就已经招惹他了。

其实反过来一想，无论你怎么做人做事，总是有人欣赏你。让所有人喜欢是一件不可能的事，想让所有人讨厌也不那么容易。球星贝克汉姆也曾说："无法让所有人都喜欢你。"我们来看看他的一次经历：

2009年，他在回归洛杉矶银河队后的首个主场比赛中遭到了球迷的嘘声和抗议，但是"万人迷"贝克汉姆却并不在意，他表示要想让所有人都喜欢自己是不可能的。

赛后接受美国当地媒体的采访时，他说："我不在乎，你不可能让所有的人都喜欢你。"在当天的比赛中，贝克汉姆用场上出色的表现回击了来自球迷的嘘声。银河队打入的两个进球都和小贝有关，其中一球还得益于他的直接助攻。

就连曾经公开批评过贝克汉姆的银河队球员多诺万也表示："如果大卫一直保持这样的状态，我确信他最终能赢回球迷的支持。"

的确，要想打破他人的成见，我们最应该做的事是做好自己，用实力给他们致命的一击，正如贝克汉姆的表现一样。当然，即使那些偏见永远存在，也不必为之伤脑筋。你做任何事情，来自外界的评价都是两方面的，所以不要只看到杯子有一半是空的，还应该看到它还有一半是满的。对于别人的批评，有则改之，无则加勉，但没有必要影响自己的心情；对于看不惯你的人，如果他发现了你的缺点，应该勇于改正，如果是误会，应该解释，解释不清，就不去解释，不妨敬而远之。

你需要记住的是，你的家人是爱你的，你也有那么几个互相欣赏、互相尊重的朋友，做人做事无愧于心，就没必要在乎那些少数人的眼光。

珍惜心中那个高大的自我

总会在某一瞬间，你会看到一个完全不一样的自己，那个自己比平日里更高大、更加充满光芒。那一瞬间，你是清澈的、幸福的，请珍视此时的你。

——尼采《人性的，太人性的》

尼采这句话的含义是，无论平日里我们是什么样的人，我们都有内心充满正能量的时刻。我们也许会充满自信、第一个交卷；我们也许会在众人瞩目的场合发表自己的观点；我们也许会不计前嫌，向曾经伤害过自己的朋友打个电话；当弱者被他人欺负时，我们也许会主动站出来为其讨个说法……当这一刻来临的时候，我们一定不要退缩，相信那个与平日不同的你，做自己敢做的事，你会找到自信，会获得他人的敬重。

有一天早上，在一所寺庙里，一位法师正好要开门出去，恰巧一个彪形大汉闯进来，狠狠地撞在法师的身上，并撞碎了法师的眼镜。谁知，这个大汉不但没有说道歉的话，反倒说："谁叫你戴眼镜的？"

让大汉奇怪的是，法师不但没有生气，反而笑了笑，不语。于是，他问："喂！和尚，为什么不生气呀？"

法师向大汉解释道："为什么一定要生气呢？生气既不能使眼镜复原，又不能让脸上的淤青消失，苦痛解除。再说，生气只会扩大事端，若对你破口大骂或打斗动粗，必定会造成更多的业障及恶缘，也不能把事情化解。"随后，法师继续说："若我早一分钟或迟一分钟开门，都会避免相撞，或许这一撞也化解了一段恶缘，还要感谢你帮我消除业障呢？"

大汉听了这一番话后，十分感动。后来，他又问了许多佛的问题及法师的称号，在大师的一番教导之后，他若有所悟地离开了。

事情过了很久，一天法师接到一封挂号信，信内附有五千元钱，正是那位大汉寄的。

大汉为什么要给法师寄钱？原来，事情是这样的：大汉在读书时，不知勤奋努力，毕业之后，工作也一直高不成低不就，十分苦恼。结婚后，因为不善待妻子，婚姻生活也不幸福。果然，有一天，他上班时忘了拿公事包，中途又返回家去取，却发现妻子与一名男子在家中谈笑，他冲动地跑进厨房，拿了把菜刀，想先杀了他们，然后自杀，以求了断。

不料，那男子惊慌地回头时，脸上的眼镜掉了下来，瞬间，他想起了大师的教诲，使自己冷静了下来，反思了自己过错。

现在，他的生活很幸福，工作也得心应手了，妻子也觉得他变了一个人。因此，他特寄来五千元钱，一方面为了感谢法师的恩情；另一方面也请求法师为他们祈福。

故事中的法师是令人敬佩的，但这名大汉能及时回头更是让人欣慰。他能在自己愤怒时克制住自己并最终反思自己的过错，这就是令人崇敬的。

生活中的人们，也应该以故事中的大汉为榜样。在很多情况危急的时刻，我们也应该听从最心底的声音，让自己成为那个“高大”的人。事实上，那个高大的“自我”经常在我们的生活中出现，不经意间，它都会突然出现，使你感到自己是高尚的、伟大的、勇敢的。这样的时刻，我们一定要珍视，并让那个“高大”的自我引导我们，那么，你人生旅途就会越走越宽。

那么，我们该怎样做那个“高大”的自我呢？

1. 为他人提供快乐

阿瑟·赫尔普斯曾经说：“许多人知道如何享乐，却不知道自己从何时起已不再向别人提供欢乐。”如果我们能为他人提供欢乐，那么，我们的内心一定会更充盈，因为这种快乐是纯粹的，是物质享受所不能代替的。

2. 助人为乐

生活中，我们每个人都有英雄情结。当他人对某个问题束手无策时，如果我们能主动站出来，不费吹灰之力地解决了它，那么，对方一定会视我们为“力挽狂澜”的英雄。

因此，当你发现周围的朋友身处困境，那么，你一定要伸出援手，为其解决难题。

3. 从心底克服自私本性

自私者是悲哀的，他们总是渴望占有，拼命地保护自己的东西，同时又想方设法地掠夺别人；自私者是眼光短浅的，总是在乎眼前的一点点的利益，总是认为什么东西还是抓在手里比较放心。自私者的心灵是生活在地狱中的，他们也感受到自私自利的邪恶力量，但他们却不知道如何解救自己。

其实，要想改变自己自私的心理，我们需要先调整自己的意识，就如先哲说的：“人生的真谛在于认识自己，而且是正确认识自己。”生活中，我们需要培养自己的反省意识，并不断反思自己的行为。

总之，无论表面上看你是个什么样的人，珍视经常出现的那个高大的自我，你就能逐渐完善自己，从而获得真正的快乐。

第3章

不必忧虑，豁达面对一切不快

他人犯错时，不要过分责备

> 责备他人，也就暴露了自己。
>
> ——尼采《曙光》

尼采对这句话进行了解释：当我们在激烈责备他人的时候，是被第三者看在眼里的，此时，我们的性格也就暴露无遗，而第三者一定会认为我们是个性格低劣的人，进而会厌恶我们。因此，在他人犯错时，我们最好不要过分责骂他人。

然而，我们不得不承认的是，人都是会犯错的，比如我们的下属、孩子等，此时，就需要我们批评指正他们的行为，那么，我们该如何做呢？我们先来看下面一个故事：

约翰·卡尔文·柯立芝于1923 年成为美国总统，他有一位漂亮的女秘书。她人虽长得很好，但工作中却常因粗心而出错。

一天早晨，柯立芝看见秘书走进办公室，便对她说："今天你穿的这身衣服真漂亮，正适合你这样漂亮的小姐。"这句话出自柯立芝口中，简直让女秘书受宠若惊。柯立芝接着说："但也不要骄傲，我相信你同样能把公文处理得像你一样漂亮的。"果然从那天起，女秘书在处理公文时很少出错了。

一位朋友知道了这件事后，便问柯立芝："这个方法很妙，你是怎

么想出的？”柯立芝得意扬扬地说：“这很简单，你看见过理发师给人刮胡子吗？他要先给人涂些肥皂水，为什么呀，就是为了刮起来使人不觉痛。”

这就是著名的“肥皂水效应”，这一定理告诉人们在批评别人时要采取巧妙而正确的方式，以减少批评的负面效应，达到批评的目的。将批评夹在赞美中，减少批评的负面效应，使被批评者愉快地接受对自己的批评。以赞美的形式巧妙地取代批评、以看似曲折的方式达到直接的目的。

每个人都是有自尊心的，直截了当地当众批评、责备他人，或许会引起对方的强烈反驳，找到一些理由来为自己辩护；或许会以沉默相对抗，口服心不服，并从此积怨于心。所以心理学家都异口同声地说：“不要当众斥责人。”这是很有道理的。批评是一件严肃的事情，但这并不排斥应该让被批评者发出欢快的笑声。委婉含蓄、点到为止，使对方心领神会，能让被批评者在轻松、活泼、愉快的笑声中接受批评教育，认识自己的缺点和错误，是开展批评的有效方法。这里有几点小建议：

1. 不要在众人面前批评

被批评是一种他人对自己的否定，因此，没有人喜欢被批评，更没有喜欢被当众批评。这种否定，越是被第三者看到或者听到，被批评者越是无法接受。因此，从被批评者的面子角度考虑，我们要尽可能避免第三者在场，不要把门大开着，更不要生怕没有人听见你正在批评人似的。在这种时候，你的语气越“温柔”，越容易让人接受。

因此，即使是批评，你也一定要与对方直接交涉，尽量以私密的形式传达。如果你希望批评能够产生效果，绝对不可让对方的自我产生反抗。因为批评的目的是获得良好的结果，而不是要让对方的自我受挫。

2. “吻后再踢”，先赞扬对方

先称赞对方，给予对方亲切的言辞，会帮助你与被批评者之间建立良好的关系。这样，即使你对对方进行批评，他也能感受到，你的批评是为了助其改正缺点，是一种帮助。而如果你尚未开始批评，便横眉冷对、破口大

骂，对方会立即产生一种反抗心理，绝对不会倾听别人的意见。称赞能使对方兴奋，也能使你发现对方的许多优点，然后你再批评他时，他必然会欣然接受。因为称赞能打开对方的心扉。

3. 对人不对事

人无完人，谁都会犯错误，犯错并不代表这个人如何，错的只是行为本身。一定要记住：永远不要批评“人”。因此，批评时，一定要针对事情本身，不要针对人，更不要贬损对方的人格等。

4. 为对方提供明确的解决问题的方法

任何批评，如果只是为了批评，那么，便是无效用的。令人心服口服的批评，也必当是建立在指点迷津的基础上的，你要告诉对方错在哪里，该如何改正等，一定要让他明白：你不是想追究谁的责任，只是想解决问题，而且你有能力解决。

5. 在友好的气氛中结束

在批评结束的时候，如果对方还心有不甘或者心生怒意，那么，这样的批评就不是成功的。因此，不要在事情还没解决之前，就搁置下来，应该在有了结论之后，即刻结束批评。面谈结束时，必须好好安慰对方。因为留给对方的最后印象非常重要——要让他感觉到安慰而不是责骂，才能收到较好的效果。

因此，我们可以说，你的批评是否是“成功”的，很大程度上取决于你对批评的“度”的把握，没有人喜欢被批评，不要相信“闻过则喜”。如果你一味地指责别人或者简单说明你的看法，你会发现，除了别人的厌恶和不满外，你将一无所获。然而，如果你能够让对方感觉到你是来解决问题并纠正错误的，而不是仅仅来发泄你的不满，你将会获得成功。

破除对他人的依赖和顺从，活出自我

> 一个人总在扮演支配者和被支配者两种角色。人生不能总担任被人支配的角色，为此，我们就要学会支配。
>
> ——尼采《曙光》

尼采这句话要告诉我们的是，一个人，若不支配他人，就要被他人支配。也就是说，我们只有用支配来反抗被支配，任何人只有破除对他人的依赖、顺从，才能找到自我，活出自我。

因此，我们每一个人都要记住一点，人生只属于自己，一味遵循他人的思想，不敢面对真理是懦弱的表现，这样的人生是悲哀的。我们应该成为主宰自己命运的人，走自己的路，走出自己的风格，走出自己的个性，我们的人生才会是独特的，才会是精彩的。

公元前209年（秦二世元年），秦政府征发贫苦农民900人去渔阳戍边。陈胜和吴广被指定为这支队伍的屯长。

这支戍卒队伍途经蕲县大泽乡时，遇到大雨，不能前进。按照秦朝法律，戍卒不按期报到，就要被斩首。在这生死攸关的时刻，陈胜与吴广商议，与其去渔阳送死，不如就地即刻起义。为了发动群众，增强起义的号召力，他们暗暗在帛书上写上“陈胜王”三个字，藏在鱼腹中，待戍卒剖鱼腹时发现这一帛书。又在深夜到附近树林中模仿狐狸的声音，高呼：大楚兴，陈胜王！用这种鱼腹丹书、篝火狐鸣的方式，证明起义符合天意，说明陈胜已不再是雇农，而是他们的天子。

起义的准备工作就绪之后，利用押送他们的两个秦尉酒后行凶打人之

机，杀掉他们。于是，斩木为兵，揭竿为旗，发动戍卒起义，以“大楚”为号，陈胜自立为将军，吴广为都尉，点燃了中国历史上第一次农民大起义的熊熊烈火。

大泽乡起义成功之后，农民军迅速攻下蕲县。然后，分兵两路向东西两面发展：一路由葛婴率领向东；另一路主力队伍由陈胜率领向蕲县以西挺进。义军所到之处，被压迫的农民纷纷前来投奔，很快壮大为拥有兵车六七百乘，战马千余匹，战士几万人的队伍。之后，又集中兵力攻下秦的交通要道。陈胜在此召集各方人士会议，商讨反秦大计，确定了“伐无道，诛暴秦”的口号，并正式建立了农民政权，国号张楚，陈胜称王。

陈胜、吴广为什么要率领秦末农民斩木为兵、揭竿为旗呢？因为有压迫就有反抗，要想获得自由和人权，就一定要反对暴政。

我们都知道，人都是独立的个体，对一个事物都应该有一个主观的看法和评价，一味顺从别人的看法，你将找不到属于自己的路。然而，我们的生活中有这样一些人，他们已经习惯了听从他人的意见，甚至缺乏判断力和选择的能力，这样的人又怎么可能获得别人的尊重，又怎么可能独当一面呢？

曾有人说，生活中最大的危险不在于别人，而在于自身，不在于自己没有想法，而在于总是依赖别人。依赖足以抹杀一个人前进的雄心和勇气，阻止自己用努力去换取成功的快乐。依赖会让自己日复一日地滞足不前，以致一生碌碌无为。过度依赖，会使自己丧失独立的权利，它是给自己未来挖下的失败陷阱。

一个人，活着就必须要活出自我，就要学会支配自己的大脑，就要有自己的主张，这样才能维持一个人的格调。总之，我们一定要有自己的想法，要有自己的原则，当你自己认为自己的观点是正确的时候，没必要为了讨好别人而迎合别人，也没必要因为害怕得罪人而对别人的要求来者不拒。如果你是个无主见的人，那么，你就要做出一些改变。

1. 学会表达自己的意见

无论是在工作还是生活中，你都应该主动站起来表达自己的观点。比

如，在工作中，当上级征询意见时，你不应该畏首畏尾，而应该大胆地站起来说出自己的看法，即使你的回答不对，但至少你获得了一个锻炼的机会。再比如，对于家庭中出现的某些问题，你也可以参与到和家人的讨论中，也许你的想法能帮助到他们。

2. 学会表达自己的需要

对于你内心的想法，你要学会告诉周围的人，否则，他们便会左右你的想法和观点。

3. 敢于否定他人

独立思考是否定他人，提出不同意见的前提，反过来，做到后者，你也会逐渐学会了独立思考。

当然，你还要记住的是，敢于说“不”并不意味你可以把自己的想法强加于人，因为这并不是真正的自主。你需要认识到的是，一个真正独立自主的人，不仅要有自己的想法，而且要尊重他人的想法。

作恶之人，实际是不够爱自己

有些人作恶的原因是因为憎恨自己，恶事最终伤害和惩罚的都是自己，所以那些恶人才会在自我毁灭的道路上越走越远。我们不能盲目地认为，恶人是自作自受，使其放任自流，我们应该鼓励他们努力爱自己。

——尼采《曙光》

尼采这句话的含义是，恶人通常以为作恶伤害的是别人，愉悦的是自己，其实，恶事最终伤害的是自己，因为任何恶事最后都会受到惩罚。这就

是中国人常说的“善有善报，恶有恶报”，因此，我们可以说，如果你想爱自己的话，就要多做善事，不为恶。

然而，可悲的是，生活中，我们经常看到一些为恶、犯罪的人，到最后的时候，他们才幡然醒悟，明白过来伤害他人其实是在自我毁灭。然而，遗憾的是，当他们意识到这一点的时候，已经为时已晚。

我们必须承认的一点是，人是这个世界上情感最为复杂的动物，那些为恶的人之所以为恶，多半是因为仇恨、贪婪等一些负面情绪，而这些情绪的产生，是因为他们没有找到爱自己的正确的方式。

在清代民间，人们常说“和珅跌倒，嘉庆吃饱”。和珅之所以为千夫所指，可以说，就是因为他不够爱自己。

和珅最初为官时一心报效国家，与朝中的清官一起打击福康安、福长安等贪污官员，更在26岁时就任管库大臣，管理布库。他从这份工作中学习到如何理财，他认真地管理布库，令布的存量大增，他凭借这些才干，令自己得到乾隆的赏识。乾隆四十年，和珅擢为乾清门御前侍卫，兼副都统。随后再升为御前侍卫，并授正蓝旗副都统。乾隆四十一年正月，授户部侍郎，三月授军机大臣，四月，授总管内务府大臣。这两年间，和珅清廉为官，勤奋好学，成为一位有为的青年。

乾隆四十五年正月，海宁揭发大学士兼云贵总督李侍尧涉嫌贪污，乾隆下御旨命刑部侍郎喀宁阿、和珅和钱沣远赴云南查办李侍尧。起初毫无进展，后来和珅拘审李侍尧的管家赵一恒，向赵一恒严刑逼供，赵一恒起初还拼死抗争，拒不招认，后来终于由于痛楚，把李侍尧的所作所为一一向和珅作了交代。和珅有了坚实的证据，心里就有了底，踏实下来。他把赵一恒交代的事项笔录下来，又命人召来了云南李侍尧属下的大官员，当着他们的面宣告了赵一恒的供述，那些原来忠于李侍尧的官员见和珅已掌握了证据，于是纷纷出面指控李侍尧的种种罪行，就连那些曾向李侍尧行贿的官员，也申明自己是迫于李侍尧的淫威，被迫行贿的。和珅取得了实据，迫使精明干练的李侍尧不得不低头认罪。和珅也因此被提升为户部尚书。

李侍尧案审结后，李侍尧被判斩监侯，李侍尧和他的党羽一大份财产被和珅私吞，加上乾隆的赏赐，和珅终于初尝掌握大财的滋味。后来，长子丰绅殷德，被乾隆指为十公主额驸，领受乾隆赏赐黄金、古董等，百官争相巴结。和珅起初不受贿赂，但日子一长，和珅开始贪污，他广结党羽，形成一股大势力（讽刺的是，党羽中包括当年在云南对和珅百般羞辱的李侍尧），更培植犯罪集团用以迫害政敌、地方势力和人民。它俨然成了一个金字塔式的大贪污集团，和珅就立在金字塔的顶端。

嘉庆登基后，曾列出和珅二十条罪状。最终，和珅被嘉庆皇帝赐死。

乾隆年间，和珅为皇上宠信之极，官阶之高，管事之广，兼职之多，权势之大，清朝罕有。但这一切都是过眼云烟，损害了人民的利益，欺上瞒下，最终落得了个狱中自尽并遗臭万年的凄惨结局。而我们不难发现，为官之初的和珅原本是个清廉之人，但李侍尧案后，他尝到了金钱的滋味，才一失足，最终成千古恨。

那么，我们该如何选择爱自己的方式呢？其实，我们需要的是一个正确的人生态度。那么，什么是正确的人生态度呢？正确的人生态度就是看你把人生看作是什么。它是人生观的主要内容，也是人生观的直接反映和体现。它需要了解的是“人究竟应该怎样活着”的问题。不同的态度产生不同的人生观和价值观。我们不难发现，即使在今天，也有一些人，他们原本一直都是走在一条正确的人生道路铺成的康庄大道上，但却经不住诱惑，为自己埋下了毁灭的炸弹。这种错误的人生态度一旦蔓延到民族或者人类这一大群体上，就会产生严重的后果。

总之，我们应该认识到，树立正确的人生态度，对于人的一生有着十分重要的意义。人生态度，具体表现在人们怎样对待人生所遇到的每一个具体问题上，关系着人们在每一个具体问题上得到什么结果。人们对待人生的每个具体问题的态度不尽相同，在人生的每个阶段上的态度也有所不同，但是，一个基本的人生态度始终贯穿在其中，决定着人的一生。

由此看来，一个人如果没有正确的人生态度，他不仅在每个具体问题

上会失败，而且他的一生也不会有一个好的结局。树立起正确的人生态度，不仅可以使人们处理好人生道路上的各种具体问题，迈好人生道路上的每一步，而且可以使人们几十年如一日，走出一条美好光明的人生历程。

以宽容之心对待对立者

有大爱的人总能理解与自己想法和活法不同的人，并为之感到喜悦。即便双方有所不同，也不要否定，而是要热爱这种不同。

——尼采《各种意见与箴言》

可以说，尼采的这句话和中国人提倡的“大爱”“博爱”有异曲同工之妙，爱那些与我们对立的人，我们的心才会变得越来越宽广。我们都知道，人是社会关系的总和，人都是在一定的社会环境中生活的，都存在敌人和朋友。对待朋友，我们的态度多半是关心和爱护，而对待敌人则完全相反，要么打压，要么老死不相往来。其实，如果我们能尝试着爱自己的敌人，那么，你不仅有可能改变彼此的关系，还能从敌人身上学到很多长处。苏格拉底说的“真正高明的人，就是能够借助别人的智慧，来使自己不受蒙蔽”就是这个意思。然而，我们的身边却有这样一些人，他们太过天真，他们常常把身边的人简单归类为朋友和敌人，认为世事非黑即白，还秉承着不向敌人低头的做人原则，其实，这种做法是幼稚的，甚至有时候，真正能对你起到帮助作用的，不一定是你那些所谓的敌人，相反，关键时候，能起到作用的可能正是这些危险的敌人。因此，我们不妨善待他们，主动结交他们。

从前，有个村子里住着两户人家，一家人姓李，另一家人姓张，他们两

家是三代世仇，两户人家一碰面，就闹得不可开交。但经过一次事情之后，两家人却化敌为友了。

这天傍晚，老张与老李两个人各自从市集里出来，碰巧在返村的路上遇见了。找不到吵架的理由，两个人就独自走着，但都保持着一定的距离，一前一后。

市集距他们的村子还是有一点距离的，走着走着，天就快黑了，并且，这是一个阴雨天，感觉阴森森的。他们都小心翼翼地走着，突然，老张听见前面的老李“啊呀”一声惊叫，原来是他掉进溪沟里了。老张看见后，连忙赶了过去，心想：“无论如何总是条人命，怎么能见死不救呢？”

老张看见掉进沟里的老李，什么也没想，也忘记了以前两人的仇恨，赶紧去旁边的树上扯下一根树枝，迅速将枝梢递到老李的手中。

很快，老李就被救上来了，他很感激地向老张说了一声“谢谢”，然而猛一抬头后才发现，原来救自己的人居然是仇家老张。

老李很诧异地问：“你为什么要救我？”

老张说：“报恩。”

老李一听，更为疑惑：“报恩？恩从何来？”

老张说：“因为你救了我啊！”

这下这把老李弄糊涂了，他不解地问：“咦？我什么时候救过你啦？”

老张笑着说：“就在刚刚啊，这条小路上，就我们两个人一前一后地走着，换过来想想，如果我走在前面，那么，掉下去的就是我。另外，你掉下去的时候，喊了一声‘啊呀’，若不是这声‘啊呀’，第二个坠入溪沟里的人肯定是我了。所以，我哪有知恩不报的道理呢？因此，真要说感谢的话，那理当先由我说啊！”

当老张说完这些话，老李震惊了，原来他昔日憎恨的这个人心胸如此宽阔。他感激地紧握着老张的手，感动得不知道说什么好。

的确，退一步绝对能海阔天空，就像故事中的老李与老张一样。有时候，我们发现，当我们的人生陷入低谷时，真正拉我们一把的正是我们曾经

误认为的敌人。化敌为友，我们的人生才会变得更宽阔。总之，只要我们主动伸出和解之手，学会关爱我们的敌人，化解彼此心中的疙瘩，我们可能就会减少一个敌人，而增加一个肝胆相照的好朋友。

可能有人说，那些人曾经伤害了我们，我们怎么可能爱他们呢？然而，你需要明白的是，最高境界的爱和宽容，就是宽容那些伤害过自己的人。这不是一件容易的事，但是如果你这样做了，就会从中体验到自己的富有和强大。而当一个人能够宽恕别人时，也必定能够宽容他自己。因为当他对自己充满自信之后，他无需去防御别人。他敢于正视自己的缺点，对一生中所遭受的不可避免的冲突和挫折具有必要的忍耐力。

因此，生活中的人们，学会爱那些与你对立的人吧，你的关爱也会换来关爱，也会迎来朋友。有朋友的人生路上，才会有关爱和扶持，才不会有寂寞和孤独；有朋友的生活，才会少一点风雨，多一点温暖和阳光。

顺其自然，不需要的东西会自然离开你

人生苦短，你要努力做出点成就来，就必须懂得舍弃。而至于该留下什么，舍弃什么，我们不必为之烦恼，因为在你努力向前的时候，那些不适合你的、不需要的东西自然会远离你。

——尼采《快乐的知识》

这句话是要告诉我们，人生的经历是有限的，我们只有懂得舍弃，做最适合自己的事，才能身轻如燕地前行。其实，我们在生活中，经常会面临很多选择，而有选择，自然就会有放弃。因为鱼与熊掌不可兼得，那么，哪个会被你忍痛割爱？人生旅途中，经常会遇到三岔路口，那么，我们又该何去

何从？

的确，很多时候，我们遇到的选项都是非常具有诱惑力的，但却不能同时拥有。在选择时，我们往往会斤斤计较，患得患失，优柔寡断。由于在矛盾中停留太久，什么都想得到，最终却什么都没得到。因此，我们不妨顺其自然，那些不适合我们的事物自然会离去。

生活的辩证法就是如此。我们知道，有得就有失，有失也有得，得与失是矛盾的统一体。在鱼和熊掌不可兼得时，你必须有取有舍。取就必须舍，舍了才能取。例如，要成功就必须放弃享乐；选择家庭的同时就得放弃单身生活；选择内心平静的同时就得放弃对权力和金钱的角逐。但选择也不可能尽善尽美，我们不必为此烦恼。

人的一生中，总要面对各种选择。很多时候，还必须对遇到的多种可能做出单项选择。例如，未婚时遇到了两个以上令自己心动的异性；有了幸福家庭后却又发现了让自己更为心仪的目标；毕业生选择就业时遇到两份同样待遇丰厚、前景良好的工作；购物时，琳琅满目的商品哪样都令人爱不释手等。当遇到多个选项、鱼和熊掌又不可兼得的时候，你有能力和魄力作出明智正确的抉择吗？

选择是一门看似简单却十分有讲究的艺术。人的一生，就是一个不断进行选择的过程。选择的正误和效率，是一个人价值取向、思想水平、道德意识和判断能力的综合反映。

一些看似无谓的选择其实是奠定我们一生重大抉择的基础。古人云："不积跬步，无以至千里；不积小流，无以成江海。"无论多么远大的理想，伟大的事业，都必须从小处做起，从平凡处做起，所以对于看似琐碎的选择，也要慎重对待，考虑选择的结果是否有益于自己树立的远大目标。

有选择就必须要放弃，而放弃，对每一个人来说，都有一个痛苦的过程，因为放弃意味着永远不再拥有，但是，不放弃却想拥有一切，最终你将一无所有，这是生命的无奈之处。如果你不放弃眼前的热烈，就无法享受花前月下的温馨……生活给予我们每个人都是一座丰富的宝库，但你必须学会

放弃，选择适合你自己应该拥有的，否则，生命将难以承受！

生活中，每个人都有着不同的发展道路，面临着人生无数次的抉择。当机会接踵而来时，只有那些树立远大人生目标的人，才能作出正确的取舍，把握自己的命运。树立了远大目标，面对人生的重大选择就有了明确的衡量准绳。

在面临选择时，我们必须清醒地知道，我们需要什么，哪些才是对自己最重要的，哪些才是最适合自己的。

一位笃信佛陀的人走到悬崖边时，不小心脚下一滑，从高处跌入深谷，所幸抓住了一根树枝。他极其虔诚地求佛陀挽救自己。佛陀真的显灵了。佛陀让他放下手中的树枝，可是那个人却不肯放下，继续把树枝抓得很紧很紧。佛陀摇了摇头说："你不肯放手，任谁也救不了你。"

山神指引两个穷人到了一个巨大无比的宝库面前，进门前，山神叮嘱他们，宝库开启的时间很短，拿到想要的财宝就赶快出来。其中一人进去后，拿了两块黄金就出来了。可另外一人看到里面耀眼的财宝，什么都想要，不知道该拿什么好，正犹豫间，宝库的大门紧紧关闭了。

可见，有些选项看似诱人，但如果不适合自己，那就要果断舍弃。做出什么样的选择，要视自身条件和具体情况而定，要有主见，不能人云亦云。

有时候，我们选择的似乎只是如何处理问题的方式方法，但实际却也是在对自己的人品、人格作出选择。选择必须考虑到社会效益，不能因一时之快或蝇头小利而失去做人的道德、良心和他人的信任。

总之，人生的大多数时候，无论我们怎样审慎选择，终归都不会是尽善尽美，总会留有缺憾，但缺憾本身也是一种美。我们不妨想想，就连权倾天下的统治者都无法拥有天下所有的最美，何况是常人。既然做了选择就不要后悔。只要是适合自己的，就是明智、理性和智慧的选择。

社会大舞台上，每个人都是自己生活和生存方式的编导兼演员，只有学会正确地进行选择，有所为，有所不为，才能演绎出精彩的人生。

第4章

心眼明亮，用心发现他人的长处

小心那些失去控制的胆小鬼

有些笨拙、胆小之人更危险、更具杀伤力，令人防不胜防，因为他们不知道如何运用恰当的方法防御，也无法冷静地处理问题。抹杀“敌人”，是他们惯用的手段。

——尼采《曙光》

尼采这句话是要告诉生活中的人们，对于那些看似胆小懦弱、笨拙的人，我们更要小心和提防。因为缺乏勇气，在遇事时，他们通常很难理性地考虑和解决问题，失去控制下的他们会采取下下策——攻击和抹杀他人这一方法来保护自己。

生活中，我们也不难发现，那些真正的小人往往就是那些平时看起来唯唯诺诺、看似弱小的人，他们没有勇气与敌人正大光明地开战，他们更喜欢搞些小动作，对于这些人，我们一定要收起自己泛滥的同情心，并多留一个心眼，否则，你很有可能使自己陷入困境之中。

晏子是春秋后期一位重要的政治家、思想家、外交家，他身材不高，其貌不扬，但颇具智慧。

春秋时，有三个勇士，名叫公孙捷、田开疆、古冶子。他们都为齐国立有很大的功劳，不把晏子这样的小矮人放在眼里。晏子便去见齐景公说：“我听说贤明的君主收养有勇力的武士，对上讲究君臣的礼仪，对下讲究长

幼的人伦道理，对内可以防止强暴，对外可以威慑敌国，君主得益于他的功劳，百姓佩服他的英勇，所以使他地位尊贵，俸禄优厚。现在君主所养的勇士，对上没有君臣的礼仪，对下不讲长幼的人伦道理，对内不能够禁止强暴，对外不能够威服敌国，这三个人是危害国家的祸害啊，不如除掉他们。”景公说：“这三个人武艺高强，要擒擒不了，要刺刺不中，如何是好？”晏子说：“这三个人都是凭自己的力量攻击强敌的，不懂长幼的礼仪。”于是，他请求景公派人给他们三人送去两只桃子，让他们论功而食。景公使人馈二桃，因三人分食缺一，便说：“三位为什么不计算各自的功劳而吃桃子呢？”

公孙捷仰天长叹道：“晏子，真是个聪明的人！他让景公用这种办法来比量我们的功劳大小。不接受桃子是没有勇气，接受吧，人多桃少，我何不说说自己的功劳来吃桃子呢？我曾有一次空手击杀一只大野猪，一次徒手打死一只母老虎，像我这样的功劳，完全可以独吃一只桃子了。”说完拿过桃子，站了起来。

田开疆说：“我手持武器曾两次打败敌人三军，像我这样的功劳，也可以独吃一只桃子。”说完也拿过桃子，站了起来。

古冶子说：“我曾随从国君渡黄河，一头大鼋叼走左骖，潜入砥柱山下的激流中。我就一头潜入水底，逆水潜行百步，又顺流而行九里，终于捉住大鼋，把它杀死了。我左手握住马的尾巴，右手提着鼋头，像鹤一样跃出水面，船夫们都说：这是河神！像这样的功劳，也可以独吃一只桃子吧。二位何不把桃子还回来。”抽出宝剑就站立起来。公孙捷、田开疆齐道：“我们的功劳不及您，拿走桃子而不谦让，这是贪心；既然这样而又不敢一死，这是没有勇气。”二人都还回手中的桃子，自刎而死。古冶子说：“二位都死了，我独自活着，这是不仁；拿话羞辱别人，而夸耀自己的功劳，这是不义，行为违背了仁义，不死，就是怕死鬼。”说完也把桃子交了回来，自刎而死。

孔子在评价晏子这一具体行为时就毫不留情地说“晏子，小人也”！晏婴“二桃杀三士”的故事更是说明晏婴其人不光喜欢作秀，而且还很阴险毒辣。他在知道这三位勇士关系深厚，不宜攻破，故而采取这一挑拨离间的手段，小小的两个桃子就让这三个兄弟自相残杀，实为阴险的手段。

“林子大了，什么鸟都有”，这是人们常来感叹社会复杂的一句话，在我们生活的周围，确实有一些像晏子这样的人，表面上看，他们不被人看得起，甚至被人忽视，但关键时刻，他们表现出来的杀伤力却是惊人的。可能你遇到过这样一些事：公司原本准备提升你，但没想到，最终击败你的却是平时看起来柔柔弱弱、唯唯诺诺的小姑娘；生意场上，那些出其不意成功的也是那些看起来实力不强的人……不得不承认的是，那些胆小怕事之人，他们的行为并不值得我们赞同，但无论如何，你不要再天真地认为，这个世界上都是好人，也不要因为你的同事总在你的面前表现得弱小，你就同情心泛滥，到最后被人利用了还蒙在鼓里。

面对利益的争夺时，一定要聪明一点，多看，冷静地判断，以防被小人暗算。

滔 滔不绝谈论自己背后的秘密

滔滔不绝地谈论自己的人，他所陈述的也许并非完全是事实，甚至是在对某些问题刻意隐瞒。

——尼采《善恶的彼岸》

尼采这句话的意思是，一个人在撒谎的时候，喜欢高谈阔论、谈天说地，他会比平时话多，这是因为他希望用自己的语言来转移你的注意力，以防止你发现他所刻意隐瞒的事情。

生活中，我们与人交流的时候，如果细心观察，可以发现，从他人的语言中，我们能够或多或少的剖析对方的心理。其中，那些说话滔滔不绝的人，多半也会闪烁其词，这是因为他们有所隐瞒。

人们常说，识人心一定要懂得观察，于细微处看出一个人的心理动态，这样，即使面对那些经验丰富的人，也能先观其心而做出具体的应对策略。而语言就需要我们耐心地去思考，也就是人们常说的察言观色中的“察言”。“察言”是指通过对方的言谈了解其性格、品质、情绪及其内心世界，从而摸透对方的心思。善于“察言”的确是社交的一种技能。但这并不是说研究语言就是为了“察言”，更重要的是怎样通过语言来把控人心，从而拉近心灵。人际间的沟通也就是为了达到这个目的。

那么，人际交往中，我们该如何察言以听出对方真实的内心呢？我们可以从下面几个方面掌握：

（1）谈话过程中，自始至终把“我”挂在嘴边的人，独立心和自主性强；而经常使用“我们”的人，多见于缺乏个性、埋没于集体中、随声附和型的人。

（2）从语速上的变化识别对方的心理动态。如果在你的鼓励下继续说话的对方，语速突然加快，一般表示他们有愧于心或是在说谎；而如果对方语速变得迟缓，甚至变得不善言谈，往往表示其心怀不满，或者持有敌对态度。

（3）那些喜欢滔滔不绝地将新鲜词汇挂在嘴边的人，未必有多高明，其实那些人多是将词语作为掩饰自己内心弱点的盾牌。

（4）如果对方突然提高了说话的音调，多半表示他与你意见相左，想在气势上胜过你。如果对方说话时突然语气婉转，转换说话的方式等，那么，他要么是“图谋不轨”，要么就是想要吸引别人的注意力，自我表现一番。

（5）一个人语言过多，不着边际，甚至让人如坠云雾之中，其实这种情形倒反映出他们的自卑意识。他们口若悬河，不过是在掩饰他们的自卑。一个人内心虚无，自然就会用缥缈的语言来掩饰自我，但他们没有意识到的是，对于那些察人高手来说，他们的这点小伎俩早被识破了。

当然，我们“察言”的具体方法还有很多，某些人甚至能在语言中掩饰自己，这就需要我们更加细心地去品味、推断他们的真实意图，并结合其他因素综合把握，具体情况具体对待。只要你是一个有心人，就一定会逐渐拥有这种能力。

学会用欣赏的眼光看待他人的长处

看待他人应当把注意点放到他人的优点与长处上，如果你总盯着他人的缺点和不足，那么只能从反面印证你的状态不佳。另外，与这种人交往，你也会变得与他一样低级。

——尼采《善恶的彼岸》

尼采这句话的含义是，一个人，只有学会用欣赏的眼光看待他人的长处，才能帮助我们正确认识自己，提高自己，否则，我们只会陷入倒退的陷阱中。

的确，人与人相处，难免会相互比较，比较之下，就会有优劣之分，聪明之人会从他人身上吸取优点，进而取长补短，而也有一些人，他们总是盯着别人的不足，他们总认为别人比自己差，在这种自欺欺人的比较结果中，他们不求进步。同时，因为这种比较能带给他们优越感，导致了他们更愿意与那些各方面不如自己的人交往，久而久之，他们即使是“雄鹰”，也成了飞不起来的“小鸡”。因此，生活中的每一个人，在日常交际中，都应该学会用欣赏的眼光看待他人，只有这样，才能避免因嫉妒而产生紧张的人际关系，也能帮助你找到自身的不足，进而不断提升自己。其实，很多时候，我们不喜欢一个人乃至看不到他的优点，并不是对方的错，而是我们

自身的问题。

有个女人曾经向朋友抱怨：“A真讨厌，从心底不喜欢他。”

朋友问她：“你喜欢榴莲吗？”

“榴莲臭臭的，闻到就想吐。”

“那有人喜欢吃榴莲吗？”

“当然有，否则怎么会有卖的？”

“那你不喜欢榴莲是榴莲的错吗？”

“……”

“那你不喜欢A，是A的错吗？”

这只是一个小故事，但却告诉我们，对他人的态度如何，多半取决于我们的态度。

其实，生活中，我们也发现，一些人在看到别人得到荣誉、好处或利益时，表面上也许会说些赞美的话，但是内心却不服气；也有些人会对他人的成就抱持“没什么了不起”的想法。其实，这些心理状态都会阻止我们成长和进步，它会让人迷惑，丧失看清自己的机会，也会使得好事多磨，产生很多阻碍。

可见，生活中的人们，如果你不懂得疏通自己的情感，那么，嫉妒既能损害到自己，又可能损害到被嫉妒者。对此，要有一颗宽容的心，能够坦然接受事实，承受他人的优点，并不断地努力，充实自己的才能，发挥自己的才干，才能得到属于自己的东西，才能找到人生的乐趣和生存价值。

除此之外，你还需要接受自己。任何人都不可能十全十美，当然也不会一无是处。因此，你有必要接纳自己并完善自己。所谓接纳自己，就是既能看到自己的不足，又能看到自己的优点，从而发扬自己的优点，改正自己的缺点。当然，这里有一个关键点：你要相信自己是有价值的人，从而全力以赴地去实现自己的价值。

总之，以欣赏的眼光看待周围的人，不仅能学会用客观的眼光看自己和对方，也能弥补自己的不足。这样，就不至于为一点小事钻牛角尖，还能交

到帮助自己成长的真正朋友。

笑容是内心深度和姿态的最佳显现

怎么笑、何时笑，能将人性表露无遗。比如，你是因为有趣的事笑，还是嘲笑他人的失败，抑或是精炼的机智而笑？笑声的深度，也能透露出一个人的本性。

——尼采《漂泊者及其影子》

尼采这句话向我们展现了人性的表现手段之一——笑容，一个人如何笑、何时笑、笑得深度和姿态都能体现出他的性格、内心动态。当然，尼采还向我们指出，我们不要惧怕微笑，因为一个人的笑容改变了，他的性格、心理也会随之改变。

我们都知道，与人初次见面，一个亲切的微笑能拉近彼此距离，消除你和对方的拘束感；与朋友见面打个招呼，点头微笑，会让朋友之间显得和谐、融洽；长辈对晚辈报以微笑，可以使晚辈消除紧张，敬畏就会被信任和亲切所代替；上级对下级一个微笑，会让下级感到上级平易近人；服务人员面带微笑，顾客就有宾至如归之感。可见，笑的作用是多么大。

有一位日本著名的造型家，他写了一本书，书中一个跨页收集了几十位女性的头像，这些女性有年老的、年轻的，有人们认为很美的，也有很丑的，但是你看她们每一个人时，你的心情都是愉悦的、恬静的。不因为别的，就因为她们给了你灿烂的笑容。

的确，微笑是社交场合的通行证，表达感情的最好方式。

在对他人微笑时，一定要发自内心。如果你是个不爱笑的人，你一定要

加以训练。心理学家告诉我们，外部的体验越深刻，内心的感受越丰富。也就是说，有了外部的“笑容”，也就有了内心的“欣喜”。每天晚上对镜中的“你”笑上几分钟，然后含笑而眠；早上起来，心中默念“嘴角翘，笑笑笑”，你会发现因为有了笑容，也就有了好心情。

善于管理，别轻易地否定他人

擅长用人者很少会不分青红皂白、无来由地拒绝或否定。如果把人才比喻成土地，那么，他们就是善于施肥者，进而让贫瘠的土地最终长出丰硕的果实。

——尼采《漂泊者及其影子》

这段话告诉那些管理者要学会用人，要懂得选用人才，将人才人尽其用。的确，21世纪的竞争就是人才的竞争。一个国家如此，企业亦然。如何科学、合理、有效地唯才是用，是摆在企业管理者面前的首要难题。然而，任何一家企业里没有无用的人才。因此，我们不能轻易地否定他人。

我们先来看这样一则故事：

大唐的文武百官中，有一个叫王珐的人，很受唐太宗重视。一次，宴会上，唐太宗一时兴起，便问了王珐这样一个问题：“大家都知道你王珐是个很善于鉴别人才的人，今天，你就不妨从房玄龄开始，对朕身边人才进行一番评论吧，看看他们有什么优点，又有哪些做得不足的地方。”

王珐回答说：“一心为国为民，事情无论大小都孜孜不倦地办理，在这方面我比不上房玄龄。常常直言进谏，认为皇上能力德行比不上尧舜很丢面子，这方面我比不上魏征。文武双全，既能进入朝廷担任一朝宰相，又能在外带兵打仗，在这方面，我比不上李靖。向皇上报告国家公务，详细明了，宣布皇上的命令或者转达下属官员的汇报，能坚持做到公平公正，在这方面我不如温彦博。处理繁重的事务，解决难题，办事井井有条，这方面我也比不上戴胄。至于批评贪官污吏，表扬清正廉署，嫉恶如仇，这方面比起其他几位能人来说，我也有一技之长。”

唐太宗非常赞同他的话，而大臣们也认为王珐完全道出了他们的心声，都说这些评论是正确的。

从王珐的评论中，我们可以看出唐太宗的团队中，每个人各有所长。但更重要的是，唐太宗能将这些人依其专长运用到最适当的职位，使其能够发挥自己所长，进而让整个国家繁荣强盛。

哈佛大学有句名言：只有无能的管理，没有无用的人才。要实现“人尽其才，才尽其用”，从事管理工作的企业领导必须努力成为善于开发人才资源的工程师。但同时，我们都知道，人无完人，每个人都有自己的缺点，也有自己的优势，作为企业领导，如果看不到一个人的优点而将其列入“无能者”的行列，这就犯了企业用人中以短掩长之大忌。“一叶障目，不见泰山”，就不可能达到企业人力资源的最有效配置，为企业创造新高，奠定最为稳固可靠的基础。只有做到用人之前先识人，从能力、个性、兴趣、经验等几个指标全面考察拟用人才，在此基础上，因人定岗，合理安排人才的岗位。

那么，企业领导该如何寻找这种合适度呢？

1. 了解自己员工的长处和不足

要想充分发挥员工在企业中的效用，就必须先对员工进行一番了解，做到量体裁衣。而领导者若想知道员工有哪些特长、哪些不足，其初步印象就是通过他们的履历表获得。因此，要想清楚员工的特长，领导者应制定一份员工专长表。这样领导者就会了解手下有什么样的可供利用的人力资源。一旦有了新的任务，领导者就能够很容易地决定谁是最合适的人选。

2. 要充分发挥员工的优点

在用人时，充分发挥员工的优点，有利于提高执行的效率。同时，发挥优点也就意味着要避开劣势。如果从人的长处着眼，为使用对象提供和创造良好的条件，让他的长处得以充分地发挥，那么这个人日益增长的优势就会抵消不足的影响，或者填补不足的缺陷，或者抑制不足的劣势。

3. 要让每位员工都觉得自己很重要

当一个员工感到自己很重要，是企业不可或缺的一部分时，就会增加企业的主人翁感，因为他在这里得到了尊敬和关怀。

在工作中，如果领导者们能使员工处处感受到尊严、被人尊重，那么，他们就会产生这样的温馨感觉：我很重要，对于企业是不可缺少的；领导既然这样尊重我，我就应该为企业努力工作。当然，让员工感受到自己很重要，还需要每一个领导研究人际关系学。

4. 适时升迁，使有希望的更加努力

任何一个员工，如果一直在同一个职位任职而没有升迁的机会的话，都会对工作失去积极性。因此，适时地提升员工，最能激励士气，也将带动其他同志的努力。提升员工职位，应以员工的才能高低作为主要标准，年资和考绩应列为辅助标准。

总之，世上没有尽善尽美的人，每个人都有不足和优点，选用一个人，主要是使他发挥自己的优点；至于他的不足，只要不影响工作，不影响别人发挥积极性，就不要过严。管理人员的任务是寻找员工的优点，在使用过程中，要使人尽其所长。

第5章

为他人付出，顾念他人的人才是真正的强者

别 将热情列为你的判断依据

人是情绪化的，但在判断一个观点是否为真理时，绝不可因热情而左右依据。然而，对此，心存误解的人大有人在。

——尼采《曙光》

尼采这句话是要告诉我们，遇事一定要多思考、理智判断，不能凭一时情绪，在冲动之下做出决定。而我们知道，人都是情绪化的，我们的情绪会被周围的人和事所影响，但成功的人在于能做到自控，做事不冲动；而失败的人则相反，他们性情散漫、毫无节制，总是受自己的情绪摆布，而情绪总是依环境氛围而变幻莫测。于是，他们起伏摇荡于这种恶性失衡之中，做事时陷入自相矛盾的境地。这种过分轻狂不仅毁掉了他们的意志，也殃及他们的判断力，干扰了他们的欲望和理解力。

生活中的你，也许是容易冲动的，但请记住：冲动是魔鬼，会让自己一败涂地，从现在起，一定要做到自制，理智思考并克服自己的情绪。

有这样一个故事：

曾经，一个经验丰富的高级间谍被敌军抓住了，他立即想到，要想逃脱，就必须装聋作哑。当然，敌军也怀疑他是否真的不会说话。于是，他们开始运用各种方法盘问他，无论是诱惑还是欺骗，他都不为所动。到最后，敌军审判官只好说："好吧，看起来我从你这里问不出任何东西，你

可以走了。”

这个间谍当然心里明白，这只不过是审判官检验他是否在说谎的一个方法而已。因为一个人在获得自由的情况下，内心的喜悦往往是抑制不住的，如果他此时听到审判官的话后立即表现出很愉快或者激动，那么，证明他听得到审判官的话，他就不打自招了。因此，他还是站在原地，仿佛审问还在进行。最后，这名审判官不得不相信，他真的不是间谍。

就这样，有经验的间谍的生命，以他特有的自制力，保存下来了。

看完这个故事，我们不得不惊叹，多么精明的间谍。俗话说：态度决定一切。这就是说，一个人的情绪糟糕，容易冲动，往往会把一切事情都办糟糕。即使遇到了好事和良机，也会因为不良的情绪，使自己产生无形的压力，使自己的能力无法充分发挥，错过这些机遇。

那么，我们该如何控制好自己的情绪，从而做出最理智和明智的决定呢?

1. 要有务实精神

务实其实就是脚踏实地，不浮躁，只有打好基础知识，你才能开拓，否则，一切都是花架子。

2. 遇事善于思考

伟人之所以成为伟人，是因为有伟大的思维，让思维决定行动，正像爱因斯坦的某些学说在当时被喻为“疯子式的假设和推论”，但后人均证实他的理论并非错误，他的猜测并非虚幻；当布鲁诺用生命捍卫哥白尼“日心说”理论的时候，所有的人都认为他只是另一个“疯子”，而今天的我们确实认同了太阳系的概念。但这些伟大的思维，无不是在磨难和折磨中中形成的。

总之，考虑问题应从现实出发，而不能凭意气热情，学会站在全局的角度看问题，你就能看得远，寻找出最好的解决方法。

完全不谈自己是一种甚为高贵的虚伪

有些人，他们讲得很差，但却使用各种夸张的手法，以吸引听众的注意力，最终只能事与愿违，而真诚的人，他们毫不矫揉造作，言语中透露的是真诚，是对话题的热情，听众也会被他们感染，从而聚精会神地聆听。无论是演讲、演戏，还是人的活法，都是这样。

——尼采《善恶的彼岸》

尼采说这段话的含义是要告诫我们，为人处世一定要坦诚，只有坦诚，才能获得他人的信任。其实，不仅是演讲，在演员演戏时也是如此，那些演技精湛的演员，都会做到让自己融入角色，然后袒露自己的真实感受，进而打动观众；相反，那些演技浮夸、刻意表现的演员，会让观众感到不屑。

从演讲者、演员的表现中，我们就不难得出，浇树浇根，交友交心。人际交往中，我们若想交到真正的朋友，获得他人的信任和支持，我们首先要做到的就是对他人敞开心扉，而不能以面具示人。我们发现，那些人际关系良好、和朋友相处融洽的人，无不是做人坦诚者，因为只有坦诚才能获得信任，这才是真正意义上的“以心交心”。尤其在与陌生人的交往中，主动交往、坦诚自己的感受往往更能带动对方参与交往。

美国作家马克·吐温出名之前，很不善于沟通。一次，有人把他介绍给后来成为美国第十八届总统的格兰特将军。当时，马克·吐温竟想不出一句可讲的话，而格兰特将军保持着平时的庄重、严肃，同样选择了沉默。

最后，马克·吐温说：“将军，我感到尴尬，您呢？”

可见，无论何时何地，我们遇上并不熟悉的人时，心里都会七上八下，不知该怎样打开话匣子。然而，你必须先打破沉默，坦诚自己的感受，才能毫无拘束地与人交流，从而扩大自己的朋友圈子。

可见，如果我们想掌握交际的主动权，就应该迈出交际的第一步，大胆地与人交流，并以诚待人。具体来说，我们需要做到：

1. 找出交往的契机，主动伸出友谊之手

故事中的马克·吐温正是因为做到了这点，才打开了对方的话匣子。然而，并非所有的人都是善谈的，有的人沉默寡言，虽然有交谈的欲望，却不知从何谈起。这就需要你改变态度，率先向对方发出友好信号，激起对方的谈话欲望，以达到交流的目的。

2. 发挥微笑的魅力

俗话说得好，伸手不打笑脸人。对于别人善意的微笑，我们怎么可能会拒绝呢？卡耐基说，笑容能照亮所有看到它的人，像穿过乌云的太阳，带给人们温暖。微笑所表示的是："我喜欢你，你使我快乐。我很高兴见到你。"交际中，我们对他人多报以微笑，就会让对方被我们的善意和热情所打动，久而久之，他们也会对我们回以微笑。

3. 以真诚打动人心

与人交往，贵在"诚"字，用诚心和热心才能打动他人。见面打招呼，买些小东西，参加大伙活动，写些小卡片……都是体现自己真诚的方法。此外，最重要的一点便是，要想得到他人的认可，必须得首先主动敞开自己的心怀。从一开始就要讲真话、实话，不遮遮掩掩，吞吞吐吐，要以你的坦率获得他人的好感和爱戴。

因此，从现在起，不要苦恼自己为什么在人际交往中得不到他人的喜欢、事事不如意了，或许过失并不在于他们，而在于我们没有做到用真心、诚心、热心打动他们！

恐惧让我们为过去苦恼，为将来忧心忡忡

世间之恶，大部分都来自恐惧，恐惧让我们为过去苦恼，为将来忧心忡忡。然而，恐惧的真面目，正隐藏在你当下的内心之中。你可以轻而易举做出改变，只要你直面自己的内心。

——尼采《曙光》

尼采这句话透露了恐惧的本质，冲破恐惧，靠的是我们自己的心，做到不念过往、不畏将来，我们也就放下了那些烦恼。在这浩瀚无边际的宇宙里，当我们驻足回首时，发现原来我们也和所有世人一样，是那么渺小，甚至比一粒微尘还小。经历了数不清的无奈、遗憾、痛苦和悲伤、寒冷和恐惧，可我们从不悲观。我们一直坚强地活着，不时憧憬着自己平凡而精彩的一生，因为我们明白这个世界原本就是相对的，没有痛苦的挫败，就不会珍惜愉悦的成功；没有坎坷的经历，就收获不了甜美的幸福。

因此，勇敢的人们，人生路上，无论遇到什么，都不要恐惧。“要战胜别人，首先须战胜自己。”这是智者的座右铭。实际上，你的敌人不是挫折，不是失败，而是你自己，是内心的恐惧。如果你认为你会失败，那你就已经失败了；说自己不行的人，经常对自己说丧气话，遇到困难和挫折，他们总是为自己寻找退却的借口。殊不知，这些话正是自己打败自己的最强有力的武器。人们恐惧的表现之一通常是躲避，而试图逃避只会使得这种恐惧加倍。任何人只要去做他所恐惧的事，并持续地做下去，直到有获得成功的记录做后盾，他便能克服恐惧。

曾经有这样一个故事：

在美国，有个刚毕业的年轻人，在一次州内的征兵选拔中，他因为体能好、表现优异被选中了，在外人看来，这是一件好事，但他看起来却并不高兴。

为了庆祝孙子被选上，他的爷爷从美国的另一个州来看他，看到孙子心情不好，便开导他说：“我的乖孙子，我知道你担心，其实真没什么可担心的，你到了陆战队，会遇到两个问题，要么是留在内勤部门，要么是分配到外勤部门。如果是内勤部门，那么，你就完全不用担忧了。”

年轻人接过爷爷的话说：“那要是我被分配到外勤部门呢？”

爷爷说：“同样，如果被分配到外勤部门，你也会遇到两个选择，要么是继续留在美国，要么是分配到国外的军事基地。如果你分配在美国本土，那没什么好担心的嘛。”

年轻人继续问：“那么，若是被分配到国外的基地呢？”

爷爷说：“那也还有两个可能，要么是被分配到崇尚和平的国家，要么是战火纷飞的海湾地区。如果把你分配到和平友好的国家，那也是值得庆幸的好事呀。”

年轻人又问：“爷爷，那要是我不幸被分配到海湾地区呢？”

爷爷说：“你同样会有两个可能，要么是留在总部，要么是被派到前线去参加作战。如果你被分配到总部，那又有什么需要担心的呢！”

年轻人问：“那么，若是我不幸被派往前线作战呢？”

爷爷说：“同样，你会遇到两个选择，要么是安全归来，要么是不幸负伤。假设你能安然无恙地回来，你还担心什么呢？”

年轻人问：“那倘若我受伤了呢？”

爷爷说：“那也有两个可能，要么是轻伤，要么是身受重伤、危及生命。如果只是受了一点轻伤，而对生命构不成威胁的话，你又何必担心呢？”

年轻人又问：“可万一要是身受重伤呢？”

爷爷说：“即使身受重伤，也会有两种可能性，要么是有活下来的机会，要么是完全无药可治了。如果尚能保全性命，还担心什么呢？”

年轻人再问：“那要是完全救治无效呢？”

爷爷听后，哈哈大笑着说：“那你人都死了，还有什么可以担心的呢？”

是啊，这位爷爷说：“人都死了，还有什么可担心的呢？”这是对人生

的一种大彻大悟。有时候，我们对某件事很担心，但只要转念一想，最坏的状况莫过于……以这样的心态面对，其实就没有什么可担心的了。

要摆脱恐惧心理，我们可以从以下几个方面着手：

1. 告诉自己“我能行”

生活中，许多人常常说“我不行”。而之所以他们会有这样的意识，通常来说都是因为他们给自己设限。要摆脱这种种恐惧，你必须要在内心反复暗示自己：“我能行。”

2. 多做一些曾经没有做过的事

做曾经不敢做的事，本身就是克服恐惧的过程。如果你退缩、不敢尝试，那么，下次你还是不敢，你永远都做不成。只要你下定决心、勇于尝试，那么，这就证明你已经进步了。在不远的将来，即使你会遇到很多困难，但你的勇气一定会帮你获得成功。

总之，你需要记住的是，在困难面前，逃避无济于事，只有正面迎击，困难才会解决。你会发现，有时候，那些所谓的困难与麻烦只不过是恐惧心理在作怪，每个人的勇气都不是天生的，没有谁是一生下来就充满自信的，只有勇于尝试，才能锻炼出勇气。

你的喜悦是否伤害了别人

你可否想过，我们在表达自己的喜悦时，是不是对他人也是有益的？是不是会让他人产生不甘或者悲伤？有没有侮辱到他人？是不是建立在他人的痛苦与灾难之上？有没有引发他人的报复心？

——尼采《权力意志》

尼采这句话是要告诉生活中那些因为成就正处在喜悦之情中的人们，即使表达喜悦之情，也要考虑到他人的感受，也许你的快乐正刺激了他人敏感的神经，甚至因此遭人记恨，种下恶果。

事实上，我们都知道，一个真正成功的人，往往都能赢得人心，拥有好人缘。“三十年河东，三十年河西”，今天那些失意的人明天说不定就得意了，假若我们在对方失意之时大谈自己的得意之事，那么，很可能引起对方的记恨，而如果我们能对其进行肯定和认可，而不是大谈自己的得意之事，那么，对方一定会对我们产生感激之情。另外，我们最需要记住的是，无论何时，都要保持谦虚低调的作风。

布思·塔金顿是20世纪美国著名小说家和剧作家，他的作品《伟大的安伯森斯》和《爱丽丝·亚当斯》均获得普利策奖。在塔金顿声名最鼎盛时期，他在多种场合讲述过这样一个故事：

那是在一个红十字会举办的艺术家作品展览会上，我作为特邀的贵宾参加了展览会。其间，有两个可爱的十六七岁小女孩来到我面前，虔诚地向我索要签名。

“我没带自来水笔，用铅笔可以吗？”我其实知道她们不会拒绝，只是想表现一下一个著名作家谦和地对待普通读者的大家风范。

“当然可以。”小女孩们果然爽快地答应了，我看得出她们很兴奋，当然她们的兴奋也使我倍感欣慰。

一个女孩将她的非常精制的笔记本给我，我取出铅笔，潇洒自如地写上了几句鼓励的话语，并签上我的名字。女孩看过我的签名后，眉头皱了起来，她仔细看了看我，问道：“你不是罗伯特·查波斯啊？”

“不是。”我非常自负地告诉她，“我是布思·塔金顿，《爱丽丝·亚当斯》的作者，两次普利策奖获得者。”

小女孩将头转向另外一个女孩，耸耸肩说道：“玛丽，把你的橡皮借布思用用。”

那一刻，我所有的自负和骄傲瞬间化为泡影。从此以后，我时时刻刻告

诫自己：无论自己多么出色，都别太把自己当回事。

从这个故事中，我们可以得出两个道理：第一，无论我们有什么样的成就，都不要太把自己当回事。第二，有时候，在我们看来可以炫耀一番的事，也许在别人眼里不值一提，甚至会让他人产生鄙夷的情绪。也就是说，无论如何，我们都要低调一点，绝不可因为自己一点小成就而沾沾自喜。

因此，任何一个渴望获得他人支持的人，都应该做到谦虚谨慎。无论你取得了什么成就，你都应该照顾他人的感受。具体来说，你可以这样做：

1. 不炫耀自己的成功

每个人都有虚荣心，每当自己取得一定的成就或达到某个目标后，难免会产生一些优越的心理，但你千万不要在其他人面前表现出来，更不要借机贬低、挖苦别人。言者无意，听者有心，很可能你一句炫耀的话就伤害了别人，从而让别人产生痛恨的心理。

2. 热心帮助失意之人

如果你不希望你的成绩让那些失意之人心里不舒服，最好应该和他保持一定距离，这是让自己安全的最好方法。但如果你希望化敌为友，还应该学会在背后帮助他、关心他。并且，如果你能掌握一些沟通与交流的技巧，寻找一个机会委婉地指出他存在的不足，让他明白自己的缺点，他才会把注意力放到提升自己这一点上，当他真的进步后，他就会对你心存感激。

3. 关心失意之人

关心那些失意之人有一定的技巧，并不是语言上的安慰就有效，因为有些小肚鸡肠的人会把这当成你变相的得意和看笑话，为此，你不妨给予适当的协助，甚至施与物质上的救济。而物质上的救济，不要等他开口，随时采取主动。有时候，对方急需要你的帮忙，但因为面子关系，他们又故意称自己不需要，在这种情况下，你应该主动表达自己的关心，对其雪中送炭。

总之，每个人都有被尊重的需求，尤其是在自己失意的时候，更需要别人的理解和关心，而如果你不顾对方的感受，大谈自己的那点小成绩，势必会伤及对方的自尊心。

享受取悦他人的快乐

取悦他人，会让我们内心充实、快乐，即便是一件小事，如果别人获得了快乐，我们也会受到感染。

——尼采《曙光》

尼采的这句话的含义是，一个人如果有让他人产生愉悦之情的本事，那么，他就能从他人那里获得认可，就会获得尊敬，他也会因此而产生由衷的喜悦之情。当然，如何愉悦他人，需要我们根据具体情境，掌握他人的心理状态，采取具体的措施。我们先来看下面一个故事：

卡耐基小时候是一个公认的坏男孩。在他9岁的时候，父亲把继母娶进家门。当时他们还是居住在乡下的贫苦人家，而继母则来自富有的家庭。

父亲一边向继母介绍卡耐基，一边说："亲爱的，希望你注意这个全郡最坏的男孩，他已经让我无可奈何。说不定明天早晨以前，他就会拿石头扔向你，或者做出你完全想不到的坏事。"

出乎卡耐基意料的是，继母微笑着走到他面前，托起他的头，认真地看着他。接着她回来对丈夫说："你错了，他不是全郡最坏的男孩，而是全郡最聪明、最有创造力的男孩。只不过，他还没有找到发泄热情的地方。"

继母的话说得卡耐基心里热乎乎的，眼泪几乎滚落下来。就是凭着这一句话，他和继母开始建立友谊。也就是这一句话，成为激励他一生的动力，使他日后创造了成功的28项黄金法则，帮助千千万万的普通人走上成功和致富的道路。

卡耐基14岁时，继母给他买了一部二手打字机，并且对他说，相信你会成为一名作家。卡耐基接受了继母的礼物和期望，并开始向当地的一家报纸投稿。他了解继母的热忱，也很欣赏她的那股热忱，他亲眼看到她用自己的

热忱，如何改变了他们的家庭。所以，他不愿意辜负她。

来自继母的这股力量，激发了卡耐基的想象力，激励了他的创造力，帮助他和无穷的智慧发生联系，使他成为美国的富豪和著名作家，成为20世纪最有影响的人物之一。

在继母到来之前，没有一个人称赞过他聪明，他的父亲和邻居认定：他就是坏男孩。但是，继母就只说了一句话，便改变了他一生的命运。

案例中卡耐基的继母是个聪明人，她看到的也正是一个坏男孩身上别人没发现的优点。一句赞美，让一个坏男孩成为20世纪最有影响的人物之一。那么，具体来说，我们该如何取悦他人呢？具体有以下几个方面的问题需要我们注意：

1. 培养自己的观察力

我们知道，人是这个世界上最具智慧的一种动物。人能了解许多事物，却难以了解人本身。难以捉摸的是人的心理、人的需求、欲望和人的个体特征。要想取悦他们，我们首先要做到的就是学会洞察他人，并研究各色各样的人物。

在与人相处的时候，要一步到位看清对方的性格。比如，从难以伪装的习惯动作看出对方的心态，从被忽略的生活点滴推知对方的性格，这才能在最短的时间内，达到我们的社交目的。

现实生活中，有些人内心方正，有些人内心圆滑；有些人对外方正，有些人对外圆滑。从这个角度考察，人物呈现四种形态；内方外方，内方外圆，内圆外圆，内圆外方。和不同形态的交往，要用不同的交际之道。若对方性格直爽，便可以单刀直入；若对方性格迟缓，则要“慢工出细活”；若对方生性多疑，切忌处处表白，应该不动声色，使其疑惑自消。

2. 到什么山，唱什么歌

中国有句谚语说：“到什么山唱什么歌，见什么人说什么话。”大多数交际达人都深谙此道，所以才能在交际中左右逢源。可能在日常生活中，我们并不一定需要掌握那么高的说话技巧，但在适当的场合对适当的人说适当

的话的技巧还是非常有用的。

每个人，由于生活环境、接受的教育程度、性格、性别、社会地位等方面的不同，导致了他所能接受的说话方式、语言习惯等方面的不同。因此，与人说话，一定要看清对象，因人而异。“见什么人说什么话”是非常必要的，否则就会犯“对牛弹琴”的错误。

3. 学会赞美的艺术

任何一个人都希望被他人关注和赞美，都希望自己的劳动得到社会的承认，得到别人的理解和尊重。不管你的赞美对他是否会产生影响，有一点是可以肯定的，你的赞美会给他的心理带来愉悦。当你用真诚的语言赞美对方的时候，他会认为你是一个可以信任并了解他的人，自然就拉近了你们之间的距离，他所回报你的，便是同样的肯定与信任，焕发出你与他之间相互的热情、友谊和温暖。这样，无形中你就赢得了一个朋友。这无疑是一场最没有风险的情感投资，因为“投桃”必然会“报李”。

总之，只要我们能让他人产生愉悦之情，必定会获得他人的支持和尊重。这种快乐是名利、物质换取不来的，有时候，我们随手所做的一件小事、一句话都能达到这样的效果。

第6章

面对困难寻找出路，别轻易半途而废

有 勇气开始，是成功的第一步

成事开头难，但再简单的开头，若不开始，便不会有进展。

——尼采《人性的，太人性的》

尼采这句话的含义是，做任何事情，我们都要迈出第一步，有开始，才有发展的可能。我们的生活中，很多人渴望得到成功，渴望开创自己的事业，但每每考虑到会有失败的可能，他们就退缩了。因为他们怕被扣上愚昧的帽子，遇到别人取笑；他们不敢爱，因为害怕要冒不被爱的风险；他们不敢尝试，因为要冒着失败的风险；他们不敢希望什么，因为他们怕失望……这种可能会遇到的风险，让他们畏首畏尾，举步维艰，他们茫然四顾，不知道自己的出路在何方，殊不知，如果你连第一步都不敢开始的话，你永远不可能看到追求人生目标的路上的风景。

生活中的人们，如果想获得成功，就要勇敢地冒险，勇于尝试，这样，你就有了做成功者的机会。胆量是使人从优秀到卓越的最关键的一步。

有一次，一位名叫卡兰德的军官在纽约的一个漂亮饭店里，看着善游泳的朋友们在阳光下嬉戏，忽然有一种不舒服的感觉涌上心头。卡兰德告诉他们，自己怕晒黑，所以不想下水。朋友们笑着怂恿说："不要因为怕水，你就永远不去游泳……"

阳光照在他们水滑滑、光亮亮的肌肤上，他们像海豚一样骄傲地嬉戏

着，而卡兰德其实并不想躲在没有阳光的阴影里看着他们的快乐而已。他觉得自己是个懦夫。

一个月后，朋友邀请卡兰德到一个温泉度假中心，他鼓足勇气下水了。卡兰德发现自己没自己想象中那么无能，但他不敢游到水深的地方。

“试试看，”朋友和蔼地对他说，“让自己灭顶，看会不会沉下去！”

于是，卡兰德试了一下。朋友说得没错，在我们意识清明的状态下，想要沉下去，摸到池底还真的不可能。真是奇妙的体验！

“看，你根本淹不死、沉不下去，为什么要害怕呢？”

卡兰德上了一课，若有所悟。从那天起，他不再怕水，虽然不算是游泳健将，但游个四五百米是不成问题的。

和卡兰德一样，如果你也敢于跨出第一步，那么，你会发现，其实事情没有你想象中的那么难。美国著名拳击教练达马托曾经说过：“英雄和懦夫同样会感到畏惧，只是英雄对畏惧的反应不同而已。”

另外，我们不得不承认的是，有时候，不愿尝试的原因是不愿打破现状。哲人说，自己是最大的敌人，人有时最难突破的，就是自身的局限性。这就是为什么我们会发现那些处于困境中的人最终会取得比那些已经取得温饱的人更有作为。想迈开脚步大干一场，又不舍得抛开自己现有的温饱的保障，如此瞻前顾后，必定无所作为。

据社会学专家预测，未来的社会将变成一个复杂的、充满不确定性的高风险社会，如果人类自由行动的能力总在不断增强的话，那么不确定性也会不断增大。生活中的人们，你应该意识到，各种变化已经在我们身边悄然出现，勇敢地投身于其中的人也越来越多了，而如果你不积极行动起来、缺乏竞争意识、忧患意识，安于现状、不思进取，如果你还没被惊醒的话，就会被时代所抛弃，被那些敢于冒险的人远远甩在后面。敢于向前、充满冒险精神，是每个成功人士给我们的启示。

总之，我们需要记住的是，在这个时代，墨守成规、缺乏勇气的人，迟早会被时代所抛弃。处处求稳，时时都给自己留有退路，这是一种看似稳妥

却充满潜在危机的生存方式。

真正的成功者往往特立独行

你是否想让自己的人生只有安逸？很简单，只要你继续混迹于人群中，把自己当成群众中的一员，乃至最后忘记存在的必要就好。

——尼采《权利意志》

尼采的这句话的含义是：成功者在大多数人之外。我们渴望成功，但最终成功的往往是那些走“小道”的人。人云亦云、混迹于人群中的人即使有天赋，最终也泯然众人。因此，生活中的人们，如果你希望获得成功，就要有与众不同的思维，要走与众不同的路，当你认为自己选择的路正确时，请坚持你的选择，别太看重别人的怀疑和反对的态度，坚持自我，你会有更大的突破。

我们不难发现，那些真正的成功者多半都是特立独行的，在追求成功的道路上，他们也听到了来自各方的反对的声音，但他们始终坚持自己的信念，这才使他们有了更大的成功。

其实，许多事例证明，别人给予你的意见和评价，往往不是正确的。

音乐家贝多芬在拉小提琴时，他宁可拉自己的曲子，也不愿做技巧上的变动，为此，他的老师曾断言他绝不可能在音乐这条道路上有什么成就。

20世纪最伟大的科学家爱因斯坦4岁时才会说话，7岁才会认字。老师给他的评语是“反应迟钝，不合群，满脑袋不切实际的幻想”。

大文豪托尔斯泰读大学时因成绩太差而被劝退学。老师认为他“既没读书的头脑，又缺乏学习的兴趣”。

如果以上诸位成功人士不是走自己的路，而是被别人的评论所左右，那

他们就不会取得举世瞩目的成就。

我们再来看下面一个故事：

曾经有个叫理查德·何塞的哈佛学生，他的名字经常被教授们提起。

理查德是哈佛毕业的高才生，但令别人感到惊讶的是，他并没有和其他毕业生一样就职于某家大企业或者成为某一行业的技术骨干，而是成为了一个出类拔萃的油漆匠。

理查德的父亲也是一位手艺很好的油漆匠，年轻的时候，他成功偷渡到了洛杉矶，但移民生活是辛苦的，而他正是凭借这一手好手艺在洛杉矶站住了脚。后来，因为一个大赦，他拿到了绿卡，他一家人也就成了名正言顺的美国公民。

理查德是个懂事的孩子，在他很小的时候，为了减轻父亲的工作压力，他常常都会帮父亲干一些油漆活。几年下来，他不但掌握了父亲所有的手艺，还在很多方面都有所创新，这让他的父亲感到很诧异。

理查德在读书方面也表现出了与众不同的天赋，他在学校的成绩一直是前三名，他在社区服务的记录一直是最好的，而且，他还获得过全美中学生美术展油画铜奖，这就使得他轻而易举地被哈佛大学录取了。

在哈佛读本科的四年，理查德虽然成绩一直名列前茅，但他似乎一直忘不了油漆工作，他觉得自己只有在涂油漆的过程中，才是快乐的。为此，一到周末，他就赶紧回家，然后摆弄油漆。

很快，大学毕业，他坚持不继续深造，而是在洛杉矶找了一份不错的工作。

理查德在工作中也一直很努力，为此，老板嘉奖了他很多次，但他就是忘不了油漆。一次，当老板问及他对公司有什么建设性意见时，理查德不假思索地说："公司经常要把一些零部件拿到外面去油漆，这样，浪费了成本不说，每次油漆的质量也不怎么样，如果公司能成立这样一个专门的油漆部门，那么，这个问题便能很好地解决。"

老板笑着说："这简直太难了吧，买设备倒是小事，但我们去哪找那些优秀的油漆工呢？"

理查德说：“用不着招了，你面前就有一个。”

于是，接下来，理查德说明了自己的想法，以及自己过去的经历。他还说，自己想招收一些年轻人，由自己亲手培训。这个想法打动了老板，于是，老板当即决定，成立油漆部，由理查德任经理兼技师。

回家后，理查德兴冲冲地告诉父亲自己提升了。听完儿子的话，老父亲半天没说出话来，他当然反对儿子这么做，但他也知道，自己是阻止不了儿子的。事实证明，理查德是对的，经过几年的经营，这个油漆部的工作非常出色，白宫有些用品都指定在这里加工。

为什么理查德的故事在哈佛大学被广为传诵？因为哈佛希望学生们能明白，一个人，只有走自己的路，坚持自己的想法，才能真正走出一条与众不同的康庄大道。这故事的主人公之所以能摘取成功的果实，就是因为他能坚持听自己内心真正的声音，为此，他能抵挡住来自外界的怀疑和反对，最终走出了困境。

其实，生活中的每一个人都应该明白，要想成功，就要走自己的路，你不必过于在意别人的看法。用心思考，你会发现，任何一个成功的故事无不来自于一个伟大的想法，而人活着，也并不是因为千篇一律而有所价值，那些伟人，都是拥有自己独特的思想，并坚持走自己路的人。

敢想敢做，成就自己的历史

每个人在创造着属于自己的历史，你今天做了什么，又是怎样做的，都会被记载在你的历史中。那么，你是碌碌无为、安于现状，还是勇敢向前、每天都比昨天进步？要记住，你的任何一种态度都会影响乃至改变你的历史。

——尼采《快乐的知识》

尼采这句话是要告诉我们，我们每个人都可以写就自己的历史，只要我们拥有积极向上的、奋斗的心，只要我们比昨天进步一点。现代社会中的人们，如果你想活出一个不平凡的人生，如果你想成为一个成功的人，那么，从现在起，就尽早告诉自己，一定要有一番作为。一个连想都不敢想的人又怎么会成功呢？

美国钢铁大王卡内基，少年时从英格兰移民到美国，当时真是穷透了，正是“我一定要成为大富豪！”这样的信念，使得他于19世纪末在钢铁行业大显身手，而后涉足铁路、石油，成为商界巨富。洛克菲勒、摩根也都是满怀欲望，并以欲望为原动力，成为资本主义初期美国经济的胜利者。

的确，生活中，不少人也满怀理想，但一旦把自己的理想和现实联系起来的时候，他们就退却了，就认为不可能，而这种“不可能”，一旦驻扎在心头，就无时无刻不在侵蚀着意志和理想，许多本来能被把握的机遇也便在这“不可能”中悄然逝去。其实，这些“不可能”大多是人们的一种想象，只要你拿出勇气主动出击，那些“不可能”就会变成“可能”。

为此，如果你想写就自己的历史，那么，你就应该树立一个正确的理念，并调动你所有的潜能并加以运用，努力提升自己的能力，便能带你脱离平庸的人群，为未来步入精英的行列而打好基础！

有位名不见经传的年轻人，第一次参加马拉松比赛就获得了冠军，而且还打破了世界纪录。

当他冲过终点时，记者蜂拥而上，不断地追问：“你这么会取得这么好的成绩？”

年轻人气喘吁吁地回答：“因为我的身后有一匹狼。”

所有的人听后都惊恐地回头张望，但并没看到他身后有什么可怕的东西。

这时他继续说：“三年前，我在一座山林间训练长跑，每天凌晨教练喊我起床练习，虽然我用尽全力，却总是没有进步。有一天清晨，在训练途中，我忽然听到身后传来狼的叫声，刚开始声音很遥远，可是没几秒钟就已经来到我的身后。当时我吓得不敢回头，只知道拼命奔跑逃命。于是，那天

我的速度居然是最快的。”

年轻人顿了顿，又说：“回来后，教练跟我说：‘原来不是你不行，而是你身后少了一匹狼！’我这才知道，原来根本没有狼，是教练伪装出来的。从那以后，只要训练时，我就想着自己身后有一匹狼正在追赶，包括今天的比赛，那匹狼仍然在追赶着我，我必须战胜它！”

我们每个人都和这位年轻人一样，有着自己的人生目标。可是，我们的身后有“狼”吗？如果在人生路上过于安逸，那么，我们注定平淡、碌碌无为。

因此，我们每个人都应该明白突破自我的重要性，都应该时时刻刻寻求新的变化，并敢于释放自己、改变自己。当然，要做到敢为人先，你还必须从现下的生活和学习中加以练习。为此，你需要做到：

1. 丰富自己的知识结构以开阔视野

在我们的日常生活和工作中，常常用视野比喻人的眼界开阔程度，眼光敏锐程度，观察与思考的深刻程度等。可以说，视野是不是开阔，是衡量人的综合素质的重要标尺。

而视野开阔与否，取决于对知识掌握多少，取决于思想理论水平的高低。常言道，学然后知不足。勤于学习的人，越学越能发现自己的不足，于是想方设法充实自己、提高自己，学到更多的东西，视野会随之越来越开阔。

2. 打破现有的安逸假象

一个人不愿改变自己，往往是舍不得放弃目前的安逸状况。而当你发觉不改变是不行的时候，你已经失去了很多宝贵的机会。

因此，即使你现在每天衣来伸手饭来张口，但你必须要明白，未来社会，你必须要一个人参与社会竞争，必须要有随时改变自己、更新自己的意识。

3. 在心理上超越“不可能”的思想观念

任何人想要解决问题，必须在他的思想中超越问题。这样，问题就不会

显得令人畏惧，而且他会产生更大的信心，深信自己有能力去解决它。

在你进行尝试时，你难免会产生一种“不可能”的念头，比如，认为自己不能解决某道被人认为很有难度的数学题，但对此，你必须要从心理上超越自己，只有这样，你才能站在高高的位置上，低头俯视你的问题。

所以，任何成功都源于改变自己，你只有不断地剥落自己身上守旧的缺点，才能做到敢为人先，才能抓住第一个机会，才能实现自己的进步、成长。

用四分之三的力气做事

旅行的定义有很多种，但如果你只将每一次的体验封存起来，那么，你的人生就会成为少数几件板上钉钉之事的重复。我们应将昨天的经历和经验运用到明天的工作和生活中，只有这样，我们的人生之旅才会充满惊喜。

——尼采《漂泊者及其影子》

尼采说这段话，是要告诉我们要将经历过的事情运用到明天的生活中去，这样的人生才是不断向前的，才是有意义的。

我们在做人做事时，要懂得变通，毕竟我们所生活的时代每天都在变幻，守旧的思维模式只能让我们被时代抛弃。事实上，自古以来，人类的进步就是因为能做到与时俱进，能做到思维的创新。可以说，人类如果故步自封，就只会停滞不前。要做到变通，方法很多，但思维的灵感都来源于生活，只要我们善于运用自己曾经的体验。

我们发现，古今中外，任何一个成功者，都具有一些共同的特质：他们

观察力极强，对于生活中的细枝末节，他们都会积极思考，运用想象力，最终形成与众不同的思维模式。

20世纪40年代，美国流传着一个小针孔造就百万富翁的故事。

南美洲的很多方糖都是由美国进口的，因此，美国有很多制糖公司，但对这些公司而言，他们一直有个苦恼的问题，那就是，运送过程中，都会因方糖在海运途中受潮造成巨大损失。为了解决这些问题，这些公司曾经请了很多专家研制解决方法，但都没有效果。

后来，运送方糖的轮船上有个年轻的工人却用最简单的方法解决了这一难题：在方糖包装盒的角落戳个通气孔，这样，方糖就不会在海上运输时受潮了。

这个方法被运用到运送方糖上，为这些制糖公司减少了几千万美元的损失，而且这个方法的最大的好处是，不需要什么成本。

这个年轻的工人也是个有头脑的人，他马上为该方法申请了专利保护。后来，他把这个专利卖给各个制糖公司，成了百万富翁。

后来，又有个日本人，他从这件事中得到启发，他发现，这一方法不仅可以用于糖的包装盒上，还可以放到其他很多方面。比如，若能在打火机的火芯盖上也钻个小孔，能够大量延长油的使用时间，而他也凭着这个专利发了财。

很多时候，成功仅仅在于一个小小的细节，故事中的两个人就是利用小小的细节，这就是四两拨千斤。注意细节，细心观察，就能“察人之未所察”，就能以小搏大，获得成功。

生活中的人们，也要有这种善于观察和利用人生体验的精神。只要你能细心观察，那么，一个小小的细节，就有可能使你获得意想不到的收获。前提是你要勇于突破现状，不愿改变看似是规避风险，但它只会使你的一生在平庸中度过。然而，我们发现，有很多人，他们刚开始时都满怀理想，但在社会上打拼几年后，越发感到衣食住行等实际需要的重要性，于是，在获得了一份稳定的工作之后，往往就会在时间的消耗下失去进取的锐气，无奈地

满足眼前的一切。

可见，如果你是个只会做“规定动作”而不能突破自我、超越别人的人，那么，即使再有价值的体验，你也很难利用起来，更难以在未来社会激烈的角逐中夺魁。而要摆脱和突破一种思维定势的束缚，常常都需要付出极大的努力。对此，你需要做到：

1. 培养灵活的个性

善于适应环境表现出了人的灵活的个性，它能调节与环境的关系，优化自己的心境和情绪，促进自己内在的动力。人们常说，性格决定命运，你一旦培养了自己这一方面的性格，也就获得了成功的入场券。

2. 不苛求自己和他人

不苛求，就是要做到情感和生活上的超脱，不为小利局限自己的思维。一个人如果能眼光长远，必定能做到思维独到。

总之，你只有做一个能灵活处世、善于变通的人，勇于向一切规则挑战，敢于突破常规，你才有利用人生体验获取成功的可能，也才能在未来社会赢得他人所无法得到的胜利。

有理想不够，还必须得付诸实践

> 不断学习和汲取知识的人，他们会把知识转变成智慧，这样的人是不会感到无趣的，他对事物的兴趣，也会变得更加强烈。
>
> ——尼采《漂泊者及其影子》

这里，尼采要告诉我们的是，热爱学习的人不会感到无趣。人生在世，要有一番成就，就必须要学习，学习是获取知识和能力的唯一途径，这是毋

庸置疑的。然而，不少人认为学习是一件枯燥的事，这是因为其对学习没有热爱之情。

我们可能都有这样的感受：学生时代，我们偶尔会上课打瞌睡，有很多原因，其中重要的一点是我们对这门功课不感兴趣。其实，哪一种学习不是这样呢？如果我们认为学习枯燥无味，那么，我们便提不起兴趣，学习效率自然也不高，而反过来，假如我们尝试着对学习投入百分之百的热情，努力专注地学习，那么，你就会发现，你的学习能力正在提高，你会为此兴奋，同时，你离你的学习目标也越来越近，你是不是又会产生更多的学习激情呢？当然，要提高学习热情，还是要从培养兴趣开始。

在很多人梦寐以求的微软公司，曾有一个临时清洁女工升职成正式职工的故事。

她是办公楼里临时雇佣的清洁女工。在整个办公大楼里，有好几百名雇员，但她的工资最低、学历最低、工作量很大，而她却是最快乐的人！

每一天，她来得最早，然后面带微笑，开始工作，对任何人的要求，哪怕不在自己工作范围之内，也都愉快并努力地跑去帮忙。周围的同事都被她感染了，有很多人成了她的好朋友，甚至包括那些被大家公认为冷漠的人，没有人在意她的工作性质和地位。她的热情就像一团火焰，慢慢地整个办公楼都在她的影响下快乐了起来。

盖茨很惊异，就忍不住问她："能否告诉我，是什么让您如此开心地面对每一天呢？""因为我热爱这份工作！"女清洁工自豪地说，"我没有什么知识，我很感激企业能给我这份工作，可以让我有不菲的收入，足够支持我的女儿读完大学。而我对这美好现实唯一可以回报的，就是尽一切可能把工作做好，一想到这些，我就非常开心。"

盖茨被女清洁工那种热爱工作的态度深深地打动了："那么，您有没有兴趣成为我们当中正式的一员呢？我想你是微软最需要的。""当然，那可是我最大的梦想啊！"女清洁工睁大眼睛说道。

此后，她开始用工作的闲暇时间学习计算机知识，而企业里的任何人都

乐意帮助她，几个月以后，她真的成了微软的一名正式雇员。

这名女清洁工是怎么获得成长的？因为她对当下工作的热爱和对计算机知识的渴望。当她还是一名清洁员工时，她能以正确的心态去面对工作，不怨天尤人，不得过且过，而是以一颗积极、向上的心去感染周围的每个人。

生活中，正在学习的人们，你是不是觉得学习是那么的枯燥呢？那么，你不妨向这位女清洁工学习，调节一下自己的内心，看到学习的乐趣，怀着热情去学习，并努力向上攀登。那么，每天你都会获得进步。

具体来说，你可以尝试以下几种调节方法。

1. 摒弃“我对学习不感兴趣”的既成观念

我们经常听到一些学生说“哎呀，我对唱歌、旅游等好多事情都感兴趣，可是就是对学习不感兴趣，我也想学习成绩好，怎样能让我对学习感兴趣呢？” 其实，有时候，这是一种既成观念，人们普遍地认为学习是枯燥的，正是这种先入为主的想法，让他们开始排斥学习。

积极参与，从心理上亲近，心怀好奇之心是让我们接触这些学习内容的最好方法。无论是你感兴趣还是不感兴趣的内容，都要尝试，你会发现，其实，所有的知识都是有关联的，对知识的系统性把握，会让你对所有知识都产生了解的欲望。

2. 专注、认真是让你产生学习兴趣的内在动因

很多人抱怨自己对学习没有兴趣，其实，这是因为你没有用正确的态度对待学习。其实，认真是和兴趣成正比的，如果你能努力、认真地学习，那么，你就会取得好成绩，你会获得一种成就感，反过来，成就感会刺激你继续认真、努力地学习。这就是兴趣，而兴趣又会促使你更加认真地去学习，从而取得更好的成绩。形成良性循环，互相促进，学习的兴趣会越来越浓，甚至到入迷的地步。

3. 寻找积极的情绪体验

你对学习没有兴趣，很多时候是因为你没有看到学习给你带来的快乐的情绪体验。事实上，学习不是枯燥的，很多时候，你能从学习中获得某种对

成长有益的因素。获得这种积极的情绪体验，你就会主动抛却那些消极的、应付的学习态度了，这会有利于学习兴趣的提高。

在学习过程中，兴趣是极为重要的，如果你认为学习只是一种应付性活动，那么，你是不会有很高的学习效率的。对于这种情况，你有必要调节自己的内心，当你能做到保持不甘落后、积极向上、奋发有为的精神状态，有只争朝夕的紧迫感，那么，你一定会不断进取！

第7章

走进人群，寻找生活中的真正意义

迟钝有时即为美德

与人交往，无须时刻保持敏感和警惕，有时，迟钝即是美德。

——尼采《人性的，太人性的》

对于这句话，尼采的解释是，与人交往时，即便看透了对方的某种行为或想法的动机，也需装出一副迟钝的样子。生活中，我们发现，那些看上去愚钝的人似乎人际关系更好，在交际中的他们也如鱼得水、左右逢迎，这是为什么呢？因为从心理学的角度看，人们认为，那些笨一点的人没有多少心眼，不会“算计”他人，因而人们更愿意相信他们。鉴于这一点，我们在积累人脉的过程中，要想得到他人的信任，也就不能表现得太过精明，而应该装装傻。装傻是一种高境界的交际哲学，装傻并非真傻，而是大智若愚。

生活中，如果有人在公共场合侃侃而谈、发表自己的见解时候，而你却无意识中发现对方的观点存在问题，你是如何做的？当对方向你炫耀在单位人缘是如何好，领导是如何倚重他时，而就在刚才你还听到他同事对他的抱怨，此时的你，又是如何做的？如果你不顾对方颜面，指出了对方的错误，那么，下次见面时，他势必会在心里痛恨你。面对这些，聪明的人往往会选择装糊涂的方式，他们会看穿不说穿，因为深知，人都是要面子的，给人留情面，才能赢得好人缘。

有一个5岁大的孩子，当别人同时拿出5毛钱和1块钱，让他去拿，孩子都会选择5毛钱。于是，大人们就觉得孩子傻，竟然不知道1块钱比5毛钱的面额大。

有一个外地来的人听说了这个小孩，他不相信真有这么傻的孩子。于是他找到了孩子，同样拿出5毛钱和1块钱让孩子选择．结果孩子真的选择了5毛钱。

外地人觉得不可思议，问孩子："难道你真的不知道1块钱比5毛钱能买更多的东西吗？"

孩子小声地说："我当然知道了，但是如果我选择了1块钱，以后就没有人跟我玩这个游戏了。"

事实上，小孩并不傻，可以说是聪明绝顶，但是他宁愿像个傻子一样去选择5毛钱，因为他选择了5毛钱，就会有人不断地来测试他，他就能不断地得到5毛钱。如果他选择了1块钱，那他得到的也仅仅是1块钱。他把自己装成傻子，傻子当得越久，他就拿得越多。这就是孩子的傻子哲学。

相反，与人打交道的过程中，那些看似精明、认真、爱较真的人，却往往吃不开。这一点，再次帮我们验证了"难得糊涂"确实是一剂人生"良药"。那么，人际交往中，当他人出现了失误时，我们该如何做呢？很简单，要做到看穿不说穿，给他人面子，具体说来，你要做到如下三点：

1. 找个借口，帮对方找一个台阶

如果对方陷入了交际中的窘境，那么，此时，你千万不要落井下石，取笑他。在这种情形下，你应该为他打圆场——换一个角度或找一个借口，以合情合理的解释来证明对方有悖常理的举动在此情此景中是正当的、无可厚非的，这样一来，对方的尴尬解除了，正常的人际关系也能得以继续下去了，而无形中与对方的友谊也更加深厚了。

2. 转移话题，制造轻松气氛

人与人毕竟是不同的，即使是朋友，也会因为意见不合、观点不一致而争论，在一些问题上互不相让。此时，你只有偃旗息鼓，才不至于将问题恶

化。最巧妙的方法之一就是转移朋友的注意力。如，彼此之间为了某个问题争得面红耳赤，僵持不下时，可以适时说一句“要把这个问题争得明白，比国家足球队赢球还难”；或者说一个笑话，让双方的情绪平缓下来，在轻松的气氛中让尴尬消失，使交际活动得以顺利进行。

总之，社交生活中，为他人留面子是维护感情的最有效的方式之一。日常交往中，我们必须从善意的角度出发，以特定的话语去调节人际关系，帮他人维护面子，也可以使我们在交际场合左右逢源。

暴露的越多，对方越会看轻你

人们面对一眼见不到底的事物，总会心生敬畏。保持神秘，别让他人看透你的内心，你会成为他人眼中的领袖。

——尼采《快乐的知识》

尼采这句话的含义是，如果我们希望制造权威和领袖魅力的话，就不要过分地暴露自己，不妨制造一点“距离”，为自己增加一点神秘感，否则你对他暴露的越多，对方越会看轻你。

生活中，当我们意外遇见某个名人或者某领域的专家的时候，我们一般都会显得格外惊讶。甚至，我们去看医生，那些喜欢拒人于千里之外的医生，我们反倒更相信他的实力，这就是神秘感制造出来的权威。

在戴高乐担任总统的十余年内，他做出了这样的规定，在他身边工作的所有人员，包括秘书、参谋、顾问等，他们的工作年限最长不能超过两年。

曾经，对于新上任不久的办公厅主任，戴高乐毫不客气地对他说：“我只会聘用你两年，在我这里，参谋部的人不能以自己的工作为职业，同样，

你也不能把你现在的身份——也就是办公厅主任当成一种职业。”

为什么戴高乐会有这样的决定呢？原因有二：第一，他认为，对于工作而言，调动是正常的，不调动才是不正常的。只有经常调动工作，才会学到不同的知识，才会进步；第二，他不想看到这样一个局面，那就是那些工作在他身边的人会变成离不开他的人。

我们发现，戴高乐是个很会靠自己的思维和决断而生存的领袖，我们也发现他之所以做出这样的决定，就是因为他能看到和下属保持距离的好处，若领导决策过分依赖秘书或某几个人，容易使智囊人员干政，进而使这些人假借领导名义，谋一己之私利，最后拉领导下水，后果是很危险的。可见，戴高乐的做法是令人深思和敬佩的。

其实，任何一位领导都应该汲取戴高乐的管理经验。对于这一点，很多领导者认为，多沟通、保持亲密的距离，自然会拉近双方的心理距离，这必当有利于管理工作的进行。而事实并非如此。试想，一个原本很让下属敬重的领导，因为和下属过于亲近，而使得自己的一些缺点暴露无遗，结果失去了一个领导者应有的权威，让下属在无形中改变了对他的印象，甚至让下属觉得领导令人失望、讨厌。另外，和下属走得太近，容易将工作和生活混为一谈，也容易丧失原则，在工作中出现失误。因此，企业管理心理学专家的研究认为：企业领导要搞好工作，应该与下属保持亲密关系，但这是“亲密有间”的关系。雾里看花，水中望月，往往给人“距离美”的感觉。

总之，与人打交道，我们永远不能率性而为、无所顾忌，话语出口前，做事情前，都要想清楚会造成什么后果，给对方留下一种“神秘感”，会让对方对你更有兴趣，人们往往都会对那些自己不了解和不涉足的人和事更感兴趣，而对那些自己已经熟识的人和事采取无所谓的态度。抓住人们的心理，我们要学会用距离感来树立权威。

当然，我们在制造权威的时候，还需要注意以下几个方面：

第一，改说为听。

如果你不想让别人知道自己脑子里的真实想法，如果你不想显示出你的真实能力，那么最好守口如瓶，转而用心去听，在与人交往中，不必过早地表明自己的态度是很重要的。

许多成功的企业家都拥有“出色的讨价还价者”的美称，实际上，他们的窍门并不那么神秘，他们只是鼓励别人谈话，同时设法闭住自己的嘴巴。

第二，知己知彼。

无论出于什么目的与人交往，首先应摸清对方的情况，在许多重大的商业交易中所使用的策略就是在提出你自己的真实目的之前，查明对方需要什么，什么东西会使他感到满意，这样，才能与对方拉出一个适当的距离。但同时，你最好记住要从侧面了解这些信息，因为如果你只能通过听一个人讲话才能确定他的态度，而你自己在这方面若谈得过多，同样也会无意中泄露自己。

第三，把握好度，以免造成孤立无援的境地。

要知道，与人交往，还是要以尊敬为原则，对同龄人也不要刻意保持太远的距离，不然你会给对方留下难以相处的印象。这样，反而会适得其反。

总之，我们与人交往的时候，要注意与人保持一定的距离，营造一种神秘感，否则越暴露自己，别人就会越看轻你！

没把握的事情就不要轻易许诺

让别人等待，甚至连招呼都不打一声，这是一种极其恶劣的行为。因为你让他等待的时候，他会产生各种负面的情绪，比如，担忧、猜想，继而产生不快，甚至会因此而愤慨。也就是说，让别人等待无异于不道德，会立即降低你在他人心中的形象。

——尼采《人性的，太人性的》

平时在我们看来是一件小事的不守时行为，尼采为其阐释了更具体的危害。的确，当今社会，诚信的重要性已经日益凸显，守信也是与人打交道与合作的第一原则。我们若想在人际交往中站住脚，就必须培养自己说到做到、“言必行，行必果”的好习惯。一个守时的人，才能真正地取信于人。

一个人守时，换来的是他人的信任，自然也就能获得大家的尊重。反过来，如果一个人无故迟到或失信于人，那么，失去的是一个人的信誉。所以，失信于朋友，无异于丢了西瓜捡芝麻，得不偿失。为此，在守时这一问题上，你需要做到的是：

1. 增强自己的责任感

你一定要明白的是，做人做事一定要“言必信，行必果”。因为只有这样，人才能有进步。要做到讲信义，就必须加强做人的责任感。如果你无法赴约，那么，最好事先不要答应别人。

2. 对他人作出的承诺要三思而后行，要考虑到它的可行性。

你一旦答应别人赴约，那么，就一定要努力实现，即使你很难做到，你也不能食言。如果真的出现意外状况而不能及时赴约，那么，你要放下面子，及时诚恳地向对方说明实际情况，请求谅解。

3. 及时纠正自己的不守时行为

人都犯过错，包括不守时。也许你曾经因为自己的私人原因而让他人等待你，但你一定要认识到行为的错误性，主动找对方道歉，当你敞开心扉后，你的内心必定会畅快很多。

的确，生活中，我们发现，越是守时的人，信誉就越高，越能获得人们的信任。

眼光短浅，只能一叶障目

有些人凡事从自身利益角度考虑，总算计着自己是否得利。然而，他们的算计，是不参照事实的，也是感情用事的。因此，利己主义的人多半是鼠目寸光的人，更是不值得信任的。

——尼采《快乐的知识》

这里，尼采要告诉我们的是，只有眼光长远，懂得放长线钓大鱼的道理，才能获得更大的、更长远的利益。

生活中，在我们的周围，总是有一些人，他们总以为自己很聪明，懂得抓住眼前利益，而事后他们发现，原来自己是舍本求末，因为自己贪图一时利益而失去了更大的利益空间。相反，那些智慧之人，往往都具有更长远的眼光，他们在行事之前，会权衡利弊得失，更不会因为一些蝇头小利而一叶障目，他们懂得放下。可见，具备长远的眼光，放下小利，方可成就大业。

从前，在英国的一个古镇上，住着一个六十几岁的富有老绅士，可惜的是，他膝下无子。他年纪越来越大，也慢慢考虑要找个继承人了。最关键的是，他也需要人照顾。他想从村里的这些孩子里挑选出一个。可是，该选择谁呢？他最欣赏那些能抵御住诱惑、没有好奇心的孩子。

镇上的很多孩子在知道老绅士要寻找一个财产继承人的时候，都纷纷给老绅士写信。很快，老绅士就收到了二十多封介绍信。

这天早上，三个打扮得干净利落的少年出现在了老绅士的客厅。

老绅士先考核的是一个叫杰克的人，他被带到了一个房间，然后，引他进门的人便出去了。杰克一人坐在了沙发上，刚开始，他等待着老绅士的到来，但一个小时过去了，还没人敲门，他就躁动起来了，他才发现，原来房间里这么多好东西。他终于站了起来，东瞧瞧，西看看。他发现，房间的桌

子上放了一个罩子，他心想，罩子下面不是美味的蛋糕就是诱人的饮料，于是，他掀起了罩子，结果，他看到的却是一堆轻轻的羽毛，因为他掀罩子的力气太大，这些羽毛已经开始飞起来了，杰克意识到自己可能错了，但羽毛已经飞得满屋子都是了。

接下来被考验的是亨利，在他所在的房间里，放了很多他喜欢吃的葡萄，他忍了好久，终于偷吃了一个，吃完，他后悔了，但他又马上安慰自己，没事的，反正这么多，吃一颗不会被人发现的。吃完以后，他发现，葡萄真的好吃，再吃一颗吧，他真的又拿起了一个。其实，老绅士在这盘葡萄里做了“手脚”，他悄悄放了一个辣椒，亨利不小心吃到了，他的喉咙像着了火一样。结果，他也被老绅士打发走了。

最后出来的是哈利，他是个守规矩的孩子，他一直在房间里坐着，周围好吃的、好玩的东西太多了，但他一直没动，他被许可为老绅士服务。就这样，哈利一直服侍老绅士，直到他离开人世。老绅士临死之前，将所有的财产都送给了哈利。

生活中的我们就像是故事中杰克和亨利一样，总是忍不住被眼前那些小利益诱惑，而最终失去了更长远的利益。其实，这些小利益对于我们来说，之所以能那样吸引人，在于它本身就是带刺的玫瑰，表面上看着美丽，实际上却是不折不扣的陷阱。在通往成功的路上，我们会遭遇不同的利益诱惑，只要我们能够忍耐欲望的吞噬，按捺住内心的悸动，那最后的胜利就是属于我们的。

只是更多的时候，我们舍不得放弃手头实实在在的利益，心里想的也是怎样保证眼前的利益不受损失。殊不知，这样做只会任机会溜走，不但不会有所得，严重的甚至会失去更多。舍小利以谋远，关键在一个“舍”字，只有舍得，才能获得。

事实也证明，懂得放弃眼前的利益，甚至是吃点小亏的人，最终获得的是比当时还要大上几倍、甚至几十倍的收益。在现实生活中，无论是与人竞争还是与人合作，我们都不要总是计较眼前的利益，而是要把眼光看到远处，懂得从长远利益出发，舍小利为大谋，这正是一种人生的博弈智慧。

思维顽固者总认为自己“高人一等”

固执己见的人总认为自己理由充分，而这些正是为人们所厌恶的，因此，他们越是固执己见，就越被人们反对。

——尼采《人性的，太人性的》

这里，尼采向我们表明了那些思维顽固者的内心活动，他们之所以固执己见，是因为他们认为自身“高人一等”，而事实上，正因为这种表现出来的优越性，让人们反对甚至厌恶他们。我们先来听听下面一个寓言故事：

从前，有一位潜心布道的神父。

这天，他按照计划来到一个小村。他走进了教堂，准备为这里的人祈祷，但突然天下起了大雨，只几个小时，洪水就淹没了整个村庄，教堂也没有幸免。

他发现，洪水已经淹没了他的膝盖。村里的警察很快赶来了，并让他赶紧离开教堂，但神父却固执地说：“不，我不走！我坚信仁慈的上帝一定会来救我的，你先去救别人吧！”

过了一会儿，水越来越深了，已经淹没了神父的腰部，神父只好站在椅子上继续祈祷，这时，有几个救生员划着船在教堂外大喊：“神父，赶快过来，我们救你走！”神父还是执着地说道：“不，我要坚守着我的教堂，相信慈悲的上帝一定会将我从洪水之中救出去的。你赶快先去救别人吧。”

又过了半个小时，整个教堂完全被洪水淹没了，神父只好爬上十字架上，在滚滚的洪水中坚持着。这时候，一架直升机缓缓地飞到了教堂上方。飞行员丢下悬梯，大喊道：“神父，快上来吧，这是最后的机会了，我们可不愿意看到你被洪水冲走！”神父依然意志坚定地说：“不，我要守住我的教

堂！上帝绝对会来救我的。你去救其他人吧。上帝会永远与我同在！”

固执的神父最终也没有逃脱被滚滚洪水冲走的命运……

死后的神父还是有幸到了天堂，他质问上帝，为什么不来救他？上帝回答道：“我怎么不肯救你了？你忘记了？第一次，我派人劝你离开那危险的地方，可是你却坚决不肯；第二次，我派了一只救生艇去救你，但你还是一意孤行不肯离开；第三次，我以对待国宾的礼仪待你，又派了一架直升机去救你，结果你还是不愿意接受我的救助。是你自己太固执了，总是不肯接受别人的帮助，我在想，你是不是太想见到我了，那么，我就成全你吧。”神父顿时哑口无言。

听完这个故事，我们不免觉得有点可笑，这位神父是迂腐的，但其实在他的内心，有自己的理由，他认为自己是与众不同的，上帝也最终会来拯救他。当然，最终，他只能被淹没在洪水之中。

现在，我们来试想一下，如果我们的生活圈子里有这样一个固执己见、自以为高人一等的人，我们会愿意与他交往吗？答案必然是否定的。因为谁也不愿意被踩在脚下。这个故事也告诉我们，无论做人还是做事，一定要懂得变通，要懂得适时从众的必要。

现今社会，没有人能赤手空拳赢得成功。任何一项工作，都需要彼此间的协作。打个很简单的比方，一根筷子的力量是渺小的，很容易被人折断，但十根筷子的力量就是巨大的。所以，合作是成功的关键，而要齐心合作的前提是，你要懂得，你是集体的成员，无论何时，你都不能被大家孤立，为此，懂得适时从众是一种明智的表现。

那么，我们该怎样做到适时从众呢？我们可以从下面几个方面掌握：

1. 谦卑

谦卑处世的人往往是低调的，没有人会把这样的人当成攻击的靶子。而现实生活中，一些人一旦成功了或者有了荣耀就容易“忘了我是谁”，人们对那些自我意识膨胀的人会“敬而远之”，因此，当你有了荣耀后，要更谦卑，这会更容易得到别人的赞赏。

2. 要有感恩之心

任何人都喜欢听好话，如果与你交谈的是你熟悉的朋友、同事，你可以多找些理由感谢他们，即使对方并没有给你很多协助，这个程序也是必不可少的，这样做虽然勉强一些，但却可以使你避免成为靶子。

3. 懂得分享

你可以分享的东西有很多，比如，一些好笑的事、你的某次经历等，一个懂得分享的人往往能带动大家的情绪，大家也会乐于参与这样的话题。

总之，枪打出头鸟，人们都喜欢排斥异己者，人际交流也是如此，因此，即使偶尔我们与众人的意见不同，也不要固执己见，直接与众人为敌，否则，你只会被大家踢出局。

第8章

让心安宁，心若没有栖息地，到哪都是流浪

一味地赶路，人生就会迷失

一些登山者像野兽一样，努力征服一座座高峰，但却忽略了沿途的美景。无论是登山还是工作，太过忘我、忘却其他的一切，都是愚蠢的行为。

——尼采《漂泊者及其影子》

尼采的这句话是要告诉我们，人生路上，眼里只有目标，人生便会迷失。在人生的旅途中，目标固然重要，但我们更不能忘记欣赏沿途的风景！

人们常说，人生就是一次旅行，在这一过程中，只有翻山涉水，不惧艰辛，走过忧郁的峡谷，穿过快乐的山峰，跨过辛酸的河流，越过滔滔的海洋，才能走到生命的最高峰，领略美好的风景。诚然，我们不能否认这一点，人的一生是短暂的，我们若把眼光总是放在前面的事物而错过了眼前的美景，那么只能空留遗憾。

现实生活中的很多人，他们一直信奉勇往直前的原则，向往着未来的、他人的生活，于是，他们总是在马不停蹄地追赶，但时过境迁，等他们青春年华不再时，才知道自己已经错过了生命中最美的时光。

有个成功的企业家，他的成功可谓是一路艰辛。他从十几岁就开始给别人帮工，每天都是早起晚睡的，整天都是忙忙碌碌，好像就没有休息过，也没有参加过任何的娱乐活动。那段日子，他的梦想是将来自己有一间铺子就好了。

几年后，他终于开了一间铺子，生意不错，此时，他告诫自己更不能放松，于是仍然起早贪黑，匆匆忙忙，休息时间更少了。他想，等将来生意做大了就好了。

又过了几年，他的生意果然做大，拥有了数间很大的门市，每天货进货出几百万元的资金流动，他更不敢放手给别人去做，还是自己苦拼，联系货源，接待客户，管理账目……忙得如有狼在后面追一般。看他真的好辛苦，有人就劝他："你放一放可以吗？好好的休息一天，看看世界会不会大变！"

他回答："不行，我不做时，别人会做的，前面的那些大户们我会追不上的，后面一些中小户又逼上来，放一放，我会落在后面的。"

终于有一天，他累倒了，被迫躺在病床上不能动了，以前高速运转的日子一下停下来，他终于可以静静地想一下匆匆而过的人生了。有一次，他看到一个病人被抬进手术室再也没回来，那个病人很年轻，刚刚还与自己谈过出院后要去旅行。他看着对面空空的病床，心不由得一震，顿时大彻大悟了：人由生到死其实只是一步的事，这一步，自己却走得太过沉重啊！一直以来，自己的名利心太重，想要的太多，然而真正得到的却很少。如果不是这次病倒，他会一直拼到50岁、60岁，甚至更久，没有娱乐，没有休息，最后两手空空的离开这个世界，这是一件多么可悲的事啊！康复后，他像换了一个人似的，生意还在做，只是不那么拼命了，他不再去追前面的大户，也不怕后面的小户追上来，甚至错过一笔很有赚头的生意也不会在意，人们还经常可以在高尔夫球场上看到他，有时他也快乐地与他的家人坐飞机到外地旅游。

他终于懂得了生活的意义，终于找到了所谓的"放下"——这颗人生中最宝贵的钻石。

生命如此般的脆弱，假如你有一个"行千里路"的梦想，而被周遭的事物牵绊住的话，那么终有一天，生命会因不堪重负而轰然倒塌，而你的梦想

从未实现。

因此，生活中忙碌的人们，我们应懂得适可而止，再忙，也要偶尔停下脚步去欣赏一下周边的风景，我们要学会洒脱地面对生活，面对生命。只要潇洒一点，你的心就不会老去，心中永远有用不尽的激情，眼睛里时时刻刻都是新鲜的风景，这样的生活不禁会让我们萌生无限的遐想和向往。让我们在清晨的阳光下上路，追随着潇洒者的足迹，一起感悟那些在路上折射出来的不尽的哲思之美。

耐心等待，静候事情完成

耐心在完成工作和创作作品中有着不可替代的作用——欲速则不达。因此，完成一件事的关键，并非才能或技术，而是相信时间的催熟作用，并不断走下去的勇气。

——尼采《漂泊者及其影子》

这里，尼采强调的是时间的催熟作用，也就是我们要相信坚持的力量，要有耐心。生活中，人们常说："心急吃不了热豆腐"，指做事不要急于求成，要踏实做事，水到渠成。的确，总是想着成功的人，往往很难成功；太想赢的人，往往不容易赢。欲速则不达，凡事不能急于求成。相反，以淡定的心态对之，处之，行之，以坚强的姿态努力攀登，努力进取，成功的可能性就会大大增加。

孔子曰："无欲速，无见小利。欲速，则不达，见小利，则大事不成。"真正能成大事者，都有个特点，那就是有十足的定力，遇事不慌不乱，这也是一种智慧的胸襟。人要学会用长远的眼光看问题，不仅要看到近

期的得失，更要着眼于未来。只有凡事不急于求成，才能真正有所成就。

一位渴望成功的少年，他一心想早日成名，于是拜一位剑术高人为师。他问师傅要多久才能学成，师傅答曰："十年。"少年又问如果他全力以赴，夜以继日要多久。师傅回答："那就要三十年。"少年还不死心，问如果拼死修炼要多久，师傅回答："七十年。"

这里，少年学成并非真的要七十年，师傅之所以如此回答，是因为他看到了少年的心态。少年可谓是不惜一切想尽快成功，但没有平和的心态，势必会以失败告终。渴望成功、努力追求都没有错，但渴望一夜成名的心态反而会使人欲速则不达。

我们都听过《揠苗助长》的故事：

从前，宋国有个农民，他做事总是追求速度。因此，对于田间的秧苗，他总觉得长得太慢，于是，他闲来无事时，就会到田间转悠，然后看看秧苗长高了没有，但似乎秧苗的长势总是令他失望。用什么办法可以让苗长得快一些呢？他思索半天，终于找到一个他自认为很好的办法——把苗往高处拔，秧苗不就一下子长高了一大截吗？说干就干，他就动手把秧苗一棵一棵拔高。他从中午一直干到太阳落山，才拖着发麻的双腿往家走。一进家门，他一边捶腰，一边嚷嚷："哎哟，今天可把我给累坏了！"

他儿子忙问："爹，您今天干什么重活了，累成这样？"

农民扬扬自得地说："我帮田里的每棵秧苗都长高了一大截！"他儿子觉得很奇怪，拔腿就往田里跑。到田边一看，糟了！早拔的秧苗已经干枯，后拔的也叶儿发蔫，耷拉下来了。

揠苗助长，愚蠢之极！每一棵植物的成长都是需要一个过程的，需要我们每天辛勤地浇灌、耕耘等，才能获得成果。每一个生命的成长也如此，千万不要违背规律，急于求成，否则就是欲速则不达。

其实，不光是这个农民，在现实生活中，这种急功近利的人也大有人在，他们来也匆匆，去也匆匆，以至于在他们的人生履历上除了一个逗号，就是句号了。急于求成，心态浮躁，会把最简单、最熟悉的小事都办糟，何

况富有挑战性的大事呢?

任何一种本领的获得、一个人生目标的达成都不是一蹴而就的，而是需要一个艰苦奋斗的过程，正所谓“梅花香自苦寒来，宝剑锋从磨砺出”，任何急功近利的做法都是愚蠢的，做任何事情都要脚踏实地，一步一个脚印才能逐步走向成功，一口是永远吃不成一个胖子的，急于求成的结果，只能适得其反，结果只能功亏一篑，落得一个拔苗助长的笑话。

强扭的瓜不甜，强求的事难成，以淡定的心态面对，却往往会水到渠成。因为人们的主观愿望与实际生活总是有差距的。我们千万不可把自己的主观意愿强加于客观的现实中，我们应该学会随时调整主观与客观之间的差距。

可见，急于求成、急功近利的思想要不得，凡事都必须先深思熟虑，再做出行动，否则，只能是事倍功半，甚至是瞎忙活。不但没有什么效果，还会平添许多烦恼，而相反，如果我们能遵循事物的客观规律，多思考，就会获得事半功倍的效果。

内心有目标，就绝不可轻言放弃

> 理想能使我们的灵魂升华。一个人失去理想，心灵就会变得懈怠，就会变得污浊不堪，上进心与克己心也会随之烟消云散。
>
> ——尼采《查拉图斯特拉如是说》

很明显，尼采是要告诫我们一定要坚持自己的理想与梦想。车尔尼雪夫斯基也曾说：“人的活动如果没有理想的鼓舞，就会变得空虚而渺小。”

人们常说：“思想有多远，就能走多远。”这句话虽然有点夸张，但

却道出了思想对行动的指导作用。同样，一个人能走多远，关键也取决于我们的思想，如果你是个使命感强的人，你希望自己活得精彩，那么，对于当下的行动，你就得有自控意识，你就能坚持不懈地努力。因此，我们每个人，都应该找到自己的使命，制定出明确的目标，并为实现自己的目标而奋斗，才能成为你想成为的人。而当你的理想遭遇阻碍时，请记住，一定不能放弃，只要你坚持，你就能具备强有力的信念，就能最终走出迷雾，找到方向。

也许你现在还站在穷人的行列，被周围的人嘲笑，也许你受了很多痛苦，但无论你遇到什么，如果你内心有目标，就绝不可轻言放弃。

很久以前，在一个偏僻的小山村里，有一对堂兄弟，他们年轻力壮，雄心勃勃。他们渴望成功，希望有一天能够成为村里最富有的人。

一天，村里决定雇佣他们二人把附近河里的水运到村广场的水缸里去。这对他们来说真是一份美差，因为每提一桶水他们就能赚取一分钱，这在小镇来说是最好的工作了。两个人都抓起两只水桶奔向河边。

“我们的梦想实现了！”表哥布鲁诺大声地叫着，“我们简直无法相信我们的好福气。”

但是表弟柏波罗不是非常确信。他的背又酸又痛，提那重重的大桶的手也起了泡。他害怕明天早上起来又要去工作。他发誓要想出更好的办法。

几经琢磨之后，表弟决定修一条管道将水从河里引到村里去。他把这个主意告诉了表哥，但是表哥觉得他们现在做着全镇最好的工作，不愿意花那么长的时间去修一条管道。

柏波罗并没有气馁，他每天用半天时间来提水，半天时间修管道，并且始终耐心地坚持着。

布鲁诺和其他村民开始嘲笑柏波罗。布鲁诺赚到比柏波罗多一倍的钱，炫耀他新买的东西。他买了一头驴，配上全新的皮鞍，拴在他新盖的二层楼旁。

他买了亮闪闪的新衣服，在乡村饭店里吃可口的食物。村民们称他为布

罗诺先生。当他坐在酒吧里，为人们买上几杯，而人们为他所讲的笑话开怀大笑。

当布鲁诺晚间和周末睡在吊床上悠然自得时，柏波罗还在继续挖他的管道。头几个月，柏波罗的努力并没有多大进展。他工作很辛苦，比布鲁诺的工作更辛苦，因为柏波罗晚上和周末都在工作。

一天天，一月月过去了，表弟柏波罗仍然没有放弃，完工的日期越来越近了。

在他休息的时候，柏波罗看到他的表哥布鲁诺在费力地运水。布鲁诺比以前更加的驼背。由于长期劳累，步伐也变慢了，布鲁诺很生气，闷闷不乐，为他自己一辈子运水而愤恨。

他花较少的时间在吊床上，却花很多的时间在酒吧里。当布鲁诺进来时，酒吧的顾客都窃窃私语："提桶人布鲁诺来了。"当镇上的醉汉模仿布鲁诺驼背的姿势和拖着脚走路的样子时，他们咯咯大笑。布鲁诺不再买酒给别人喝了，也不再讲笑话了。他宁愿独自坐在漆黑的角落里，被一大堆空瓶所包围。

最后，柏波罗的大日子终于来到了——管道完工了！村民们簇拥着来看水从管道中流入水槽里！现在村子源源不断地有新鲜水供应了。附近其他村子都搬到这个村子来，村子顿时繁荣起来。

管道一完工，柏波罗不用再提水桶了。无论他是否工作，水源源不断地流入。他吃饭时，水在流入。他睡觉时，水在流入。当他周末去玩时，水在流入。流入村子的水越多，流入柏波罗口袋里的钱也越多。

管道人柏波罗的名气大了，人们称他为奇迹创造者。

人们常说，鱼与熊掌不可兼得，其实，做任何事情都是如此，想要日后达成目标，现在就要忍受痛苦。

的确，梦想可以燃起一个人的所有激情和全部潜能，载他抵达辉煌的彼岸。我们每个人，都要在年少时就为自己树立一个梦想，而最重要的是，无论你拥有什么样的理想，都不要轻易说舍弃。只有坚持，你才能最终用自己

的力量去创造美好人生。

盲目攀比是我们不快乐的根源

天才的画家也无法通过手中的颜料直接描绘出灿烂无比的天空，然而，他可以通过调整画布上风景的色调，将其变暗，使得天空更加明亮，这一技术，完全可以应用到除了绘画以外的其他诸多领域。

——尼采《曙光》

对比出结果。尼采通过陈述绘画中的对比技术告诉我们，如果我们想获得自信和向上的人生态度，我们便可以通过对比的方法。当然，这种比较必须是正面的，否则，往往事与愿违。我们不难发现，生活中，人们在相互比较后，总是看到自己不如人的地方。“魔镜啊魔镜，谁是这世上最美丽的女子？”白雪公主的故事里，恶毒的王后总是一遍又一遍地重复着这个问题。“既生瑜，何生亮？”喜欢攀比的人多半要发出这样的感慨，于是他们总是不能释怀。其实，手指各有长短，人与人个个更是自不相同，盲目攀比是我们不快乐的根源，也完全没有必要。

其实，正确的比较不是让我们将自己的短处与人的长处进行相比，相反，我们应该看到自己超出他人的部分，这种比较才能让我们产生积极的心态。比如，困难重重前，如果你消极悲观，那么，任何一件小事都能让你痛苦万分。而如果你积极乐观，你会发现，还有很多比你还不幸的人。生活中的每一个人，每当你遇到困难时，不妨以此激励自己。

曾经有个人，他的一生都是充满不幸的。

在他46岁那年，他坐的飞机出现了事故，他全身65%以上的皮肤都被烧坏了。无奈之下，他必须进行植皮手术，但他没想到的是，居然做了16次手术，他的脸变成了一块彩色板，并且，他的手指也没有了，也瘫痪了，只能靠轮椅行动。可出乎意料的是，就在六个月后，这个巨人居然架起了飞机，飞上了蓝天。

然而，厄运并没有到此结束。4年后，在一次飞行过程中，他所驾驶的飞机居然失控，他的12块脊椎骨全部被压得粉碎，腰部以下永远瘫痪。

但即使这样，他也没有消沉，他说："我瘫痪之前可以做1万种事，现在我只能做9000种，我还可以把注意力和目光放在能做的9000种事上。我的人生遭受过两次重大的挫折，所以，我只能选择不把挫折拿来当成自己放弃努力的借口。"

这位生活的强者，就是米契尔。正因为他永不放弃努力，最终成为一位百万富翁、公众演说家、企业家，还在政坛上获得一席之地。

看完这个故事，生活中的人们，你是否会认为，米歇尔应该是世界上最不幸的人？的确，一个经受过如此挫折和不幸的人都能成为生活的强者，你又有什么理由做不到呢？

可见，现在的你，不要为当下的遭遇就埋怨命运的不公，实际上，世界上还有很多比你更不幸的人，想想那些更不幸的人仍旧坚强地活着，你又为什么不能呢？为此，当你遇到困难时，你不妨告诉自己：

1. 活着就是一种幸福

你不妨想一下，"5·12汶川大地震"和"4·14玉树地震"中，有多少人丧生！只要活着，其他什么挫折都不是挫折，什么困难都不是困难，上天给我们这么好的眷顾，我们应该不管碰到什么困难和挫折都要去积极面对，激情面对生活。

2. 过好当下，充实自己才是王道

我们若想获得一个成功的人生，不仅要积累基础知识，更要修炼你的心性。心态改变命运，活好当下，全身心投入你现在的生活和工作才是基础。

未来靠的是现在，现在做什么，怎样做，要达到什么目标，才能决定未来是怎样。因此，你要记住，不要急功近利，努力、认真过好每一天，明日自然就会来到。如此持之以恒，五年、十年过去后就会结出硕果。

3. 做好自我暗示和心理调节，看到自己的优点

自我暗示又称自我肯定，这是一种调节心理的强有力的技巧，它可以在短时间内改变一个人对生活的态度，增强对事件的承受能力。具体方法表现为用具有鼓励性的语言、动作来鼓励自己。比如，当别人取得好成绩时候，你也可以在心中鼓励自己“其实我也很好”。

4. 完善自己

一个人明白只有完善自己，才能逐步提高的道理，也就能转移视线，不仅找到了努力的动力，也会豁然开朗。

总之，比较是一把双刃剑，人活于世，不可能不与他人比较，但我们要学会正确比，只有这样，我们才能看到自己的闪光点，才能获得自信。

快乐的根本是心灵的宁静

“Epicurean”是一种名为“满足”的奢侈。对于有些人，奢侈所需要的也许是一座小小的花园，几棵无花果树，少许奶酪，三四位朋友。只需要这些，他就能过得很奢侈了。

——尼采《漂泊者及其影子》

这里，尼采引用了古希腊哲学家伊壁鸠鲁所说的追求快乐的活法。其实，伊壁鸠鲁还说过这样一段话：“我们所谓的快乐，是指身体的无痛苦和灵魂的无纷扰。不断地饮酒取乐，享受童子和妇人的欢乐，或享用有鱼的盛

筵，以及其他的珍馐美馔，都不能使生活愉快；使生活愉快的乃是清净的静观，它找出了一切取舍的理由，清除了那些在灵魂中造成最大的纷扰的空洞意见。”因此，我们可以说，快乐的根本是心灵的宁静。

从尼采的话中，我们能想到中国人常说的“知足常乐”。也许每个人都曾问过这样的问题，幸福到底是什么？大多数人也许认为，拥有名利地位、拥有奢华的生活就是幸福。而实际上，幸福是简单的，有时候，夏日里的一丝凉风、冬日里的一件棉衣就是幸福。但无论如何，不懂得知足的人是无法感受到幸福的。

我们的生活中，人们都有自己追求的目标，都希望能早日达成自己的目标，而一旦实现以后，人们常把放松的心情，解释为幸福。好像事情越难做，成功后的幸福感就越强。不可否认，这种解脱，让我们感到真实的快乐，但事实上，它并不是真的幸福，而是“幸福的假象”，而正是对幸福的错误理解，导致了一些人在人生道路上不停地追逐，不懂知足，而最终，他们错过了很多沿途的风景。

然而，在现实生活中，我们发现，一些人，他们总是抱怨生活太苦，困难太多，命运太艰难等。其实，在短短的人生旅途中，人人都有所求，但没有人能够拥有世间的一切。人们所求各不相同，但万涓细流，终将汇聚成海，归根结蒂，他们所求的仍是快乐。世上没有比快乐更可贵东西了。

当一个人珍惜了生命，生命便会长久；当他珍惜了家人、朋友之间的情感，他便能在友善的交流中，获得更多的快乐与幸福。真正的幸福不是你每天得到了一些什么，而是每天你都能对自己拥有的一切，怀抱着一颗满足、感恩、珍惜的心，如果我们能够保持着这种态度来对待生活中的每一天、每件事，那么，即使人生中有摆脱不了的悲苦、辛酸，我们也能让它们转化成有价值、有意义的事。

德国哲学家叔本华曾说过：“我们很少想到自己拥有什么，却总是想着自己还缺少什么！不要感慨你失去或是尚未得到的事物，你应该珍惜你已经拥有的一切。”

那么，我们该如何体会满足的幸福呢?

1. 比较法

比如，当你认为你的物质生活不满足时、当你认为房子不够大，车子不够豪华时、当你为买不起LV包包而焦躁时，你想过没，还有多少和你同样的人却正在为房子忧愁、为明天的家庭开支担忧、为了一个几十元的包包与店铺老板砍价？这样一比，你可能觉得自己其实是幸运的，也就不再为那些外在的物质生活而忧愁了。

2. 注重精神世界的充盈

细心的你也可能发现，那些爱看书、听音乐、旅游的人，他们看起来笑得更舒心，因为他们的业余生活是丰富的、充足的，他们不会为那些虚无缥缈的物质生活烦恼，他们满足于现在的幸福生活。因此，丰盈精神世界是克制我们欲望的良好方式，比如，你可以把周末逛街的时间拿来学习英语、练瑜伽、读名著等。

总之，快乐、幸福的感觉，依托于物质的满足、成就的获得等，而它的源泉，则在于懂得知足和时刻珍惜。懂得珍惜，最为可贵，善于知足，最为幸福。

大自然是不带任何偏见的

多去广阔的大自然中走走吧，大自然不仅会让你神清气爽，而且不会对你有任何意见或抱怨。

——尼采《人性的，太人性的》

在尼采看来，到大自然中走走是一种极好的自我减压的方式。的确，

现代社会中，任何一个人都承受着来自各方面的压力，高强度的工作、烦琐的生活、家人的健康以及人际交往中的问题都无时无刻不让人们产生不良情绪，于是，越来越多的人渴望能自我减压和放松。而“回归自然”、“亲近自然”的魅力正在被混迹于钢筋混凝土之间的城市人发觉，他们逐渐投身到大自然的怀抱中，呼吸新鲜的空间、寄情于山水之间。

哈佛大学校长曾经来北京大学访问时，讲了一段自己的亲身经历：

有一年，这个校长心血来潮，准备过一段时间与众不同的生活，于是，他向学校请了假，然后告诉自己家人，不要问我去什么地方，我每个星期都会给家里打个电话，报个平安。

接下来，他一个人，带着简单的行李，去了美国南部的农村，开始了他所谓的与众不同的生活——农村生活。他到农场去打工，去饭店刷盘子。在田地做工时，背着老板吸支烟，或和自己的工友偷偷说几句话，都让他有一种前所未有的愉悦。最有趣的是，最后他在一家餐厅找到一份刷盘子的工作，干了四个小时后，老板把他叫来，跟他结账。老板对他说：“可怜的老头，你刷盘子太慢了，你被解雇了。”

三个月后，这个“可怜的老头”重新回到哈佛，回到自己熟悉的工作环境后，却发现，一切原本熟悉的东西顿时变得新鲜起来了，工作成为一种全新的享受。

可能对于这个哈佛校长来讲，这三个月的经历，简直就像一个调皮的孩子制作的一次恶作剧，新鲜而有趣。但正在因为这次经历，让他认识到了在大自然中劳动的快乐，更重要的是，回到一种原始状态以后，就如同儿童眼中的世界，也不自觉地清理了原来心中积攒多年的“垃圾”。

其实，大自然有神奇的魔力，不仅赋予人们新鲜的空气，而且大自然中的声音都是天籁之音。随着生活节奏的加快，现代人们的心态也越来越浮躁，假如能够抽出时间来融入大自然，呼吸新鲜的空气，静下心来聆听大自然的天籁之音，那么，人们的内心自然就会平静很多，心态也会慢慢地平稳下来。

一般来说，亲近自然的方式有很多，比如：

1. 登山

登山的过程，是一个不断征服的过程，当我们跨过一个个山头，就会发现呈现在自己面前的，是另外一片风景，我们的眼界也逐渐开阔起来。同时，爬山还有另外一个好处，那就是锻炼身体。

因此，无论是周末，还是闲暇时间，我们都可以约上几个朋友，去大山里走走，去感受另外一个远离尘嚣的世界。当然，登山的过程中，我们一定要注意安全，最好不要一人登山。

2. 野营、露营

野营，顾名思义就是在野外露营、野炊，这是一种锻炼生活技能的很好的方法，并且，在相互合作的过程中，人与人之间的关系也会变得亲密起来。而除此之外，还有另外一种活动——露营，这是种休闲活动，通常露营者携带帐篷，离开城市在野外扎营，度过一个或者多个夜晚。露营通常和其他活动联系，如徒步、钓鱼或者游泳等。

3. 钓鱼

这个活动，我们并不陌生，钓鱼的主要工具有钓杆、鱼饵。

钓鱼的工具其实制作起来很简单，钓杆的材质可以是竹子，也可以是塑料，而鱼饵的种类也很多，可以是蚯蚓，也可以是米饭，甚至是可以苍蝇、蚊虫。现代有专门制作好的鱼饵出售。鱼饵可以直接挂在丝线上，但有个鱼钩会更好，对不同的鱼有特殊的专制鱼钩。

4. 徒步

亦称作远足，它和通常意义上的散步不同，也不是体育活动中的竞走，而是指有目的地在城市的郊区健行。

总之，生活于城市中的人，我们应懂得适可而止，再忙，也要在这美好的时节呼吸一下大自然的新鲜空间，晒晒太阳，你可以找个最喜欢的地方去旅行，可以在周末爬爬山、游游泳，没有计划，没有进度表，只有和阳光、绿意、清澈的河水结伴。

第9章

以一个独立者的身份观察和思考，成为一个智者

前人的经验是束缚我们发挥思维能力的桎梏

用自己的眼睛，而不是前人的经验和已有的知识来判断眼前的美景。

——尼采《漂泊者及其影子》

尼采这句话是要告诉我们，凡事要相信自己的眼睛，而非书本知识。其实，除了书本知识外，前人的经验也是束缚我们发挥思维能力的桎梏，我们若想有所创新和发展，就必须摆脱这些阻碍因素。

不难发现，日常生活中，人们对于经验丰富和资历老者往往会心生敬意，因为他们代表着权威，他们的经验能为我们解决问题提供帮助，然而，在积累经验的过程中，他们也会形成一些固定的思维。因为经验告诉他们："这样实行成功的概率没有百分百，那么，就不要浪费精力了。"于是，他们最终放弃了自己的想法，而那些敢于坚信自己判断力的"初生牛犊者"则成了第一个吃螃蟹的人。我们先来看下面一个故事：

在美国加州，有一家老牌饭店——柯特大饭店。

曾经，这家饭店的老板准备筹建一个新式电梯，他重金聘来世界各地的著名建筑师和工程师，他希望他们能一起解决这个建筑问题。

不得不承认的是，这些建筑师和工程师们的经验是丰富的，他们根据自己的经验提出，要改造电梯，饭店就必须停止营运，而这一点，实在让老板

很苦恼，这意味着饭店将要遭受经济上的损失。

他问："难道就真的没有别的方法了吗？"

"是的，我们一致认为，再也没有比这更好的方法了，饭店要停止营运半年，对于经济上的损失，我们也很难过……"建筑师和工程师们坚持说。

就在老板为此头疼的时候，饭店的一个年轻的清洁工说出了一段惊人的话："难道非要把电梯安在大楼里吗，外面不可以？"

"多么好的方法啊！我们怎么没有想到呢？"工程师和建筑师听了，顿时诧异得说不出话来。

很快，这家饭店采用了年轻人的计策——屋外装设了一部新电梯，而这就是建筑史上的第一部观光电梯。

这位年轻人为什么能提出与众不同却又巧妙绝伦的解决难题的方法？因为他能跳出专家们的固定思维。的确，在建筑师工程师们看来，电梯就应该安装在房间内部，却想不到电梯也可以安装在室外。

固定的思维方式容易把人的思维引入歧途，也会给生活与事业带来消极影响。要改变这种思维定式，需要随着形势的发展不断调整、改变自己的行动。任何一个有创造成就的人，都是战胜常规思维的高手。

的确，现阶段的你的确应该要积累知识，但不要被这些既定的知识限制自己的思维，要敢于想象，敢于尝试。我们都知道吉尼斯，它激励人们勇于超越思维的界限，他的创建者懂得突破"界"后的乐趣与精彩。有了吉尼斯，也便有了身体上的、思想上的界限的不断突破。那么，我们为什么不发挥吉尼斯所要求的这种精神呢？

事实上，生活中，很多人在解决问题的时候，都听从了内心所谓的"经验"的摆布。问题不在于他们的技术高低、学识多寡，而在于他们突破不了固有的思维方式。工程师和建筑师被专业常识束缚住了，而清洁工的脑子里没有那么多条条框框，思路很开阔，所以才会想出令专家们大跌眼镜的妙招。

的确，现代社会，我们都强调要创新，任何重大成果的发现，都离不开

创新意识的发挥。任何一个人都应该摒除生搬硬套和墨守成规这两点，学会突破，你才能有所收获。

可见，经验、资历在让我们少走很多弯路的这一积极影响的同时，还具有一定的负面作用，那就是影响我们的判断，如果我们想破除经验、资历给我们的思维带来的负面作用，就要做到敢于自我否定，摒除观念思维、经验主义等主观定势，不要给自己上思维枷锁。具体来说，你需要做到：

1. 多动脑

思考是提出质疑、发现新问题的前提，也是帮助我们找到真理的唯一途径。许多非常成功的人，都是善于思考的。牛顿通过对苹果落地现象的质疑产生了关于重力的思想。爱因斯坦通过对太阳的质疑产生了关于相对论的思想。爱迪生因为最爱向老师问“为什么”而成为伟大的发明家。要知道，一个不善思考的人又怎么能否定固有经验和思维，从而有所突破呢?

2. 大胆地说出自己的想法

你要敢于说出自己的想法，遇到问题要敢于打破常规，发挥自己的想象力，凡事没有标准答案，敢于提出不同的答案和见解，久而久之，你就能培养出不被经验束缚的判断习惯了。

3. 不要让理论知识束缚手脚，否定自己的能力

比如，在面对一项工作时，一个人如果对有关知识了解不深，他会说：“做做看。”然后着手埋头苦干，拼命地下工夫，结果往往能完成相当困难的工作。但是有知识的人，常会一开头就说：“这是困难的，看起来无法做。”这实在是画地为牢。

4. 多参加社会实践

参加社会实践，对于你来说，绝对不是什么形式主义，更不是走过场。你会在活动过程中，得到许多的乐趣。真正的知识是对于一种事物发展规律的正确认识和经验。如果你什么社会生活的经验都没有，那所谓知识只能是书本上的“死”知识，而不是生活中真正的知识。这样的你也绝不能自立，更别说经受得住社会的洗礼了。

曾有人这样说："你只要离开常走的大道，潜入森林，你就肯定会发现前所未有的东西。"要想摆脱传统观念和习惯思维的局限，就要鼓励自我打破思维禁锢，突破常规的路线，激活创新的意识。

内敛矜持是自我保护的一种方法

> 考验自己，学会对自己诚实、不撒谎，在无人的地方举止端庄。当你能做到时，你会发现自己如此高尚，此刻，你会拥有真正的自尊心，也就拥有了强大的自信。
>
> ——尼采《善恶的彼岸》

在尼采看来，自己见证自己的考验，就是一种自我约束力和自我监督能力。一个人，在没有他人干预的情况下，如果能专注于一件事，那么，他就能取得成果，获得自信。我们先来看下面一个故事：

莫泊桑是19世纪法国著名作家。他从小酷爱写作，孜孜不倦地写下了许多作品，但这些作品都是平平常常的，没有什么特色。莫泊桑焦急万分，于是，他拜法国文学大师福楼拜为师。

一天，莫泊桑带着自己写的文章，去请福楼拜指导。他坦白地说："老师，我已经读了很多书，为什么写出来的文章总感到不生动呢？"

"这个问题很简单，是你的功夫还不到家。"福楼拜直截了当地说。

"那怎样才能使功夫到家呢？"莫泊桑急切地问。

"这就要肯吃苦，勤练习。你家门前不是天天都有马车经过吗？你就站在门口，把每天看到的情况，都详详细细地记录下来，而且要长期记下去。"

第二天，莫泊桑真的站在家门口，看了一天大街上来来往往的马车，可

是一无所获。接着，他又连续看了两天，还是没有发现什么。万般无奈，莫泊桑只得再次来到老师家。他一进门就说："我按照您的教导，看了几天马车，没看出什么特殊的东西，那么单调，没有什么好写的。"

"不，不不！怎么能说没什么东西好写？那富丽堂皇的马车跟装饰简陋的马车是一样的走法吗？烈日炎炎下的马车是怎样走的？狂风暴雨中的马车是怎样走的？马车上坡时，马怎样用力？车下坡时，赶车人怎样吆喝？他的表情是什么样的？这一些你都能写得清楚吗？你看，怎么会没有什么好写呢？"福楼拜滔滔不绝地说着，一个接一个的问题，都在莫泊桑的脑海中打下了深深的烙印。

从此，莫泊桑天天在大门口，全神贯注地观察过往的马车，从中获得了丰富的材料，写了一些作品。于是，他再一次去请福楼拜指导。

福楼拜认真地看了几篇，脸上露出了微笑，说："这些作品，表明你有了进步。但青年人贵在坚持，才气就是坚持写作的结果。"福楼拜继续说："对你所要写的东西，光仔细观察还不够，还要能发现别人没有发现和没有写过的特点。如你要描写一堆篝火或一株绿树，就要努力去发现它们和其他的篝火、其他的树木不同的地方。"莫泊桑专心地听着，老师的话给了他很大的启发。福楼拜喝了一口咖啡，又接着说："你发现了这些特点，就要善于把它们写下来。今后，当你走进一个工厂的时候，就描写这个厂的守门人，用画家的那种手法把守门人的身材、姿态、面貌、衣着及全部精神、本质都表现出来，让我看了以后，不至于把他同农民、马车夫或其他任何守门人混同起来。"

莫泊桑把老师的话牢牢记在心头，更加勤奋努力。他仔细观察，用心揣摩，积累了许多素材，终于写出了不少有世界影响力的名著。

的确，和莫泊桑一样，很多成功者之所以成功，就是因为在专注的过程中，经过了沮丧和磨炼，才造就为天才。

当然，这种专注力可以运用到任何其他一件事中，这种能力的形成，其实就是自控能力的逐步养成，如果你能做到在他人无监督的情况下特别勤奋

用功或者管住自己的言行，那么，你就是值得尊敬的，你就会拥有真正的自尊心。

那么，具体来说，我们该如何考验自己，加强自己的专注力呢？

1. 明确你的动机

明确你办事的动机会有助于加强你的专注力，并且能让你完成任务。你要知道你为什么要去专注于某事，而且要清楚如果你不专注于此事会有什么样的后果。

阿雷·谢富尔指出：“在生活中，只有精神的、肉体的劳动才能结出丰硕的果实。奋斗、奋斗，再奋斗，这就是生活，只有如此，才能实现自身的价值。我可以自豪地说，还没有什么东西曾使我丧失信心和勇气。一般说来，一个人如果具有强健的体魄和高尚的目标，那么他一定能实现自己的心愿。”的确，只有高尚的动机和目标，才能让我们产生源源不断的动力，从而起到积极的影响。

2. 排除干扰

在你准备做一件事时，请注意周围的环境，在排除外界干扰后，你要做的就是静下心来，避免那些容易使你分心的事，你的学习和工作效率会提高很多。

3. 深呼吸

如果你产生了放弃的念头，那么，你不妨问自己一个问题，“我在呼吸吗？”然后做几次深呼吸。问你自己“我现在感觉放松吗？”如果你的回答是“不太放松”，那么先什么也不要做，再次深呼吸。

总之，考验自己是需要耐性的，也是需要长时间训练的，但只要你坚持自己这一有价值的目标，你就有充沛的精力，会让你有能力克服艰难险阻，完成单调乏味的工作，忍受其中琐碎而又枯燥的细节，从而使自己顺利通过人生的每一驿站。

站在远处思索观察，事物会更美

大多数孔雀不会在人前开屏，这被人们称为“孔雀的矜持”，孔雀那样的动物都懂得矜持，我们人类就更应当内敛、谦虚了。

——尼采《善恶的彼岸》

尼采这句话是告诉我们要做个内敛、矜持的人。然而现实生活中，总是有这样一些人，在他们的眼里，谁都不如自己，目空一切。这些高调的人总会被他人当作攻击的靶子，常常遭人非议、鄙视、唾弃。的确，我们不得不承认，人们更喜欢那些矜持、内敛的人，这也是自我保护的一种方法。

有两个气球，一个好大喜功，总想胜人一筹。当看到同伴的个头和它一般大的时候，它很不服气，因此它努力吸更多的空气。为不使同伴超过它，它贪得无厌地吸食着气体，把躯体撑得又肥又胖，皮肤薄得透明，而且光润有泽。就这样，它还不满足，又把自己的气嘴扎紧，怕漏了一丝空气。当一只手来压迫它时，它仍不肯松口，结果它不堪重负，“砰”的一声破碎了。而另一只气球，不像同伴那样争强好胜，它吸食的空气并不太多，总是保持在自己能承受的范围内，它的肤色当然不如同伴那么光亮，气嘴扎的也不太紧，当那只手来压迫它时，它就毫不吝啬地释放一些空气，虽然损失了一些空气，但保全了自己，所以这只气球仍然健在。

的确，为人内敛实际上是一种韬光养晦之计，不求争先、不露真相，这种甘为愚钝、甘当弱者的方法，实际上是隐蔽。懂得矜持、做事不狂妄，能得到人们的尊重。

另外，生活中的人们，在各种社会大潮的冲击下，也需要保持清醒的头脑，不要丧失自己做人的原则。在成就面前，不要利令智昏，让虚荣心钻了空子。你需要记住的是，天外有天，人外有人，有时候，不经意间，你会发

现，你需要学习的还有很多。

要做个内敛、矜持的人，你需要从行为和言辞上着手：

第一，行为上。

（1）不卖弄自己：过分张扬自己，就会经受更多的风吹雨打，就像暴露在外的椽子自然要先腐烂。一个人在应酬中，如果不合时宜地过分张扬、卖弄，那么不管多么优秀，都难免会遭到明枪暗箭的攻击。

（2）不可财大气粗、居功自傲：不可一世的年羹尧，因为做人上的无知而落得个可悲的下场，所以，财大而不气粗，居功而不自傲，才是交际的根本。

（3）做人不能太精明：低调做人，不要小聪明，让自己始终处于冷静的状态。在“低调”的心态支配下，兢兢业业，才能做成大事业。

（4）交际中做人要懂得谦逊：谦逊能够克服骄矜之态，能够营造良好的人际关系，因为人们所尊敬的是那些谦逊的人，而绝不会是那些爱慕虚荣和自夸的人。

第二，言辞上。人与人之间的交往很多时候都体现在语言上，我们要在言辞上低调。

（1）不要揭人伤疤：不能拿朋友的缺点开玩笑。不要以为你很熟悉对方，就随意取笑对方的缺点，揭人伤疤。那样就会伤及对方的人格、尊严，违背开玩笑的初衷。

（2）放低说话的姿态：面对别人的赞许，应谦和有礼、虚心，这样才能显示出自己的君子风度，淡化别人对你的嫉妒心理，维持和谐良好的人际关系。

（3）说话时，不可伤害他人自尊：讲话要有分寸。礼让不是人际关系上的怯懦，而是把无谓的攻击降到零。

（4）得意而不要忘形：得意时要少说话，而且态度要更加谦卑，这样才会赢得朋友们的尊敬。

（5）祸从口出，没必要自惹麻烦：要想在办公室中保持心情舒畅，并与领导关系融洽，那就多注意你的言行。对于姿态上低调、工作上踏实的人，上司们更愿意起用他们。如果你幸运的话，还很可能被上司意外地委以重任。

（6）莫逞一时口头之快：凡事三思而行，说话也不例外，在开口说话之前也要思考，确定不会伤害他人再说出口，才能起到一言九鼎的作用，也才能受到别人的尊重和认可。

（7）耻笑、讥讽来不得：言为心声，语言受思想的支配，反应一个人的品德。不负责任、胡说八道、造谣中伤、搬弄是非等，都是不道德的。

（8）说话不可太露骨：别以为如实相告，别人就会感激涕零。要知道，我们永远不能率性而为、无所顾忌，话语出口前，考虑一下别人的感受，是一种成熟的处世方法。

真正有智慧的人是不会外露的，同样，在交际应酬中，善于交际的人往往低调行事，给自己留一条退路，这样，才能长久做人，获得别人的尊重和信任，在交际应酬中游刃有余！

的确，可能你心里明白，我们比对方优秀，但低调一点，并不会让我们失去什么，还会拉近双方的距离，而且更容易沟通，更容易让对方从心理上接受自己。相反，如果你意气用事、凡事争强好胜，在交际中喜欢逞一时之快，针尖对麦芒，那么，你最终会吃亏。

放下身段，你才能看到更多

有思想的人需要满足三个条件：与人交往；看书；心怀热情。少了一条，就无法进行思考。

——尼采《漂泊者及其影子》

这里，尼采向我们展示了有思想者的三个必备要素：与人交往；看书；心怀热情。也就是说，一个智者，是不会拒绝与人交流的，这就是“三人

行，必有我师焉”的道理。书籍是人类进步的阶梯；是智慧的源泉；是开阔眼界的根本方法。内心火热，才愿意接受外界新事物，才能不断进步。下面，我们先来看著名学者王亚南的故事：

我国著名的马克思主义经济学家、《资本论》最早的中文翻译者王亚南，从小就酷爱读书。

他在读中学时，为了争取更多的时间读书，特意把自己睡的木板床的一条脚锯短半尺，成为三脚床。每天读到深夜，疲劳时上床睡一觉后，迷糊中一翻身，床向短脚方向倾斜过去，他一下子被惊醒，便立刻下床，伏案夜读。天天如此，从未间断。结果，他年年都取得优异的成绩。

1933年，王亚南乘船去欧洲。半途中，突然刮起了大风，顿时巨浪滔天。当时，王亚男正在甲板上看书，他的眼镜已经被风吹走了，这时，他赶紧求助于旁边的服务员说：“请你把我绑在这根柱子上吧！”

听到王亚南的话，服务员不禁笑了起来，因为他以为王亚南是害怕自己被巨浪卷到海里去。谁知道，当他真的将王亚南绑在柱子上时，王亚南居然翻开书，聚精会神地看起书来。船上的外国人看见了，无不向他投来惊异的目光，连声赞叹说：“啊！中国人，真了不起！”

生活中的人们，应该学习王亚南爱读书的习惯，并要逐渐在生活中培养读书的习惯，长此以往，你必定会爱上阅读。培根说：“书籍是在时代的波涛中航行的思想之船，它小心翼翼地把珍贵的货物运送给一代又一代。”歌德说：“读一本好书，就是和许多高尚的人谈话。”

书中自是知识的海洋，其实，爱上阅读并不是什么难事，关键是你要学会读什么书、怎么读书，约翰逊医生说：“一个人的后半生取决于他读到的第一本书的记忆。”因此，你需要记住，如果一本书不值得去阅读，就不要过于强调阅读的数量，甚至可以不去阅读，那样只会让自己装了一肚子的书，却解决不了生活中的一个小问题。对此，你可以询问那些长者、智者，让他们引导你找出喜欢并优秀的文字，而不要浪费时间阅读垃圾文字。

当然，要做个有思想的人，我们还需要做到以下两点：

第一，开放自己的心态，多与人交流。

第二，心怀热情。

与人交往，热情是第一个被对方感知到的品质，这也是人际交往中的心理规则。因为人们总是有这样的感觉，那些热情的人肯定会有一些其他良好的品质，如有爱心，乐于助人，对生活保持乐观态度，容易接近等，而这些都是人们在交往中希望看到的。

总之，我们要努力做到以上几点，让自己成为一个有思想的人，腹中空空，我们又怎么能被他人尊敬，又怎么能获得自信呢？

修练涵养，别四处炫耀智慧

> 如果你没有一种天赋的才能，不必因此感到悲伤，因为你大可以去学习。
>
> ——尼采《曙光》

这里，尼采告诉了我们获得自信的一个方法：学习并获得一项才能。生活中，人们常说："你自己永远是信任你的最后一个人——全世界没有一个人信任你了，还有你自己信任你自己。"列宁也说过："自信是走向成功的第一步。"然而，在如今竞争日益激烈的时代，如何才能获得自信，获得成功，如何让别人看到自己的光芒？最起码的，你必须拥有一项才能或本领。也就是说，一个人，必须要相信自己，只有这样，才不会随波逐流，才不会趋之若鹜，才能不走寻常路，才能最终取得成功。而如果你没有这项天赋时，不妨去学习一种。

华裔女主播宗毓华曾说过："不要怀疑自己的才华。"她之所以能够

以一名华裔女子的身份跻身在人才济济的美国电视圈，受到大众的肯定和喜欢，就是凭借她的才华和自信。的确，只有自己相信自己，才能在挫折连连的时候，努力走出自己的路，不因别人而放弃自己，没有任何人可以放弃你，除非你先放弃了自己。

畅销书作家刘墉曾经有过这么一段经历：

他的第一本书《萤窗小语》写完之后，原本打算找出版社给他出版，但却没有得到任何回应，后来，他不得不花钱出版，但没想到的是，他的书却卖得很火，连当初拒绝他的出版社都跌破眼镜。

刘墉说："当你站在这个山头，觉得另一座山头更高更美，而想攀上去的时候，你第一件要做的事，就是走下这个山头。"所以，即使今天的刘墉已经成功了，但他并没有放弃自己所坚持的，也不会因别人眼光而改变，这才是真正的自信。

的确，任何时候，唯有自己相信自己的才华，别人才可能相信你，自己若不放弃，别人又怎么能放弃你呢？

可见，自信是力量，是一种涵养，一种品质。只要你有自信，哪怕你身处险境，也能平静而坚强地面对一切，面对人生。然而，生活中的一些人，他们却因为自身存在的某些缺点而自卑，甚至把自己人生的主导权交给他人，不难想象，这样的人会有什么大作为。当然，要获得自信的方法无外乎掌握一项他人所没有的技能，这就需要我们努力学习。这个过程也许是痛苦的，但只要我们不放弃，就会获得成效。

小仲马是法国著名的小说家，他从小在父亲大仲马的耳濡目染下开始文学创作，尤其是写小说，但在他开始创作的头几年，他的稿子总是被编辑退回来，他很苦恼。

看到儿子如此受打击，大仲马对他说："你可以直接告诉他们你是我的儿子，那么，也许情况会好很多。"

小仲马固执地说："我绝不，如果这样，那么，我就是踩在你的肩上摘苹果，用这种方法摘到的苹果又有什么味道呢？"他拒绝了父亲的建议，并且，还

给自己取了十几个不同的笔名，并且用这些笔名给很多编辑寄了自己的文章。

当然，小仲马后来还是接连不断地遇到退稿的情况，但他并没有沮丧，而是鼓励自己一定会成功。

后来，他寄出了自己的长篇小说《茶花女》，这次，他的文章震撼了一位老编辑，这位老编辑是细心的，他发现，这篇小说的寄出地址和自己多年的好友大仲马的地址是一样的，他怀疑这是大仲马采取了另外一个笔名写的作品。因此，他带着这些疑问去拜访大仲马。

令他没想到的是，这部小说的作者竟然是大仲马的儿子小仲马。“你为何不在你的稿子上署上你的真实姓名呢？”老编辑不解地问小仲马，小仲马说：“我只想拥有自己真实的高度。”

别人所给予的永远都不会属于你自己。一个想要成功的人，不应满足于送入笼中的食物，而应该努力掌握自己捕猎的技能，找寻开启这个世界的钥匙。没有什么神明能保佑你，能帮助你摆脱现状的唯有自己——你就是自己的主人。

从这里，我们发现，每一个人，都应该学会提升自己，这是保持思维活力的最佳良方。为此，你一定要树立终生学习、随时学习的理念，要善于发现身边值得学习的东西。因为提升自己不一定要脱离现在的工作，更没必要脱产走回学校。因为年龄、经济等条件不允许，我们不可能再走回纯粹的学生时代。随用随学，做有心人，留心身边的人和事，学会随时发现生活中的亮点，并注意总结别人的成功经验，拿来为自己所用，这可能是生活和工作中能让自己进步得最快的一招。

总之，我们要做一个上进的人，要不断扩大自己的视野和知识领域，并能有所收获。我们要把学习当成一生要做的功课，这样才有助于塑造一个心智丰富且具有良好的世界观的聪明人。

第10章

幸福来临时，不必彷徨，用心珍惜

只有忍耐，爱才会长久

爱即宽容。爱，甚至能容下情欲。

——尼采《快乐的知识》

我们都知道，尼采是个终生未婚的人，但即使如此，他的这句话依然道明了爱人之间的相处之道。的确，人的一生中会遇到不顺心的事，会碰到不顺眼的人，婚姻和爱情生活中也是如此，如果你不学会原谅，就会活得痛苦，活得累。原谅是一种风度，是一种情怀，原谅是一种溶剂，一种相互理解的润滑油。原谅像一把伞，它会帮助你在雨季里行路。有时候，原谅对方，也就成全了自己的幸福。

加拿大的魁北克有一条南北走向的山谷。山谷没有什么特别之处，唯一能引人注意的是，它的西坡长满各种各样的树，而东坡只有雪松。

这一奇异景观是个谜，也一直没有令人满意的结论。但最终揭开这个谜的，竟是一对夫妇。

那是1983年的冬天，这对夫妇的婚姻正濒于破裂的边缘。为了重新找回昔日的爱情，他们打算做一次浪漫之旅，如果能找回就继续生活，如果不能就友好分手。他们来到这个山谷的时候，天下起了大雪。他们支起帐篷，望着满天飞舞的大雪，发现由于特殊的风向，东坡的雪总比西坡的雪来得大，来得密。不一会儿，雪松上就落了厚厚的一层雪。不过当雪积到一定的程

度，雪松那富有弹性的枝丫就会向下弯曲，直到雪从枝上滑落。这样反复地积，反复地弯，反复地落，雪松完好无损。可其他的树，如那些柘树，因为没有这个本领，树枝被压断了。西坡由于雪小，总有些树挺了过来，所以西坡除了雪松，还有柏和女贞之类的树。

帐篷中的妻子发现了这一景观，对丈夫说："东坡肯定也长过杂树，只是不会弯曲才被大雪摧毁了。"

丈夫点头称是。少顷，两人像突然明白了什么似的，相互吻着拥抱在一起。

丈夫兴奋地说："我们揭开了一个谜：对于外界的压力要尽可能地去承受，在承受不了的时候，学会弯曲一下，像雪松一样让一步，这样就不会被压垮。"

这对夫妻的奇遇告诉我们，在婚姻爱情生活中，要学会承受，学会原谅。原谅别人就是成全自己。

宽容是一种美德，是对犯错误的人的救赎，也是对自己心灵的升华。不要总是想着对方如何得罪了你，给你造成了多少的损失。想想对方是不是值得你去如此发火，他是故意的，还是无心的？平日待你如何？给对方一个机会，就是给自己一个机会。对于一些人，原谅，远远要比惩罚来的有效。也许只是一时的失误，也许只是一闪而过的邪念。人总有犯错误的时候，不要过于苛刻。

爱人之间难免有碰撞、有摩擦，或许对方根本就是无意，或许对方有难言之隐，退一步天地宽，不妨试着置之一笑，给别人也给自己一次机会，也许会有意想不到的收获。而对于那些在你看来不能原谅的错误，你要相信，爱人是可以改变的。若要改变别人，需先试着改变自己。不要总是认为江山易改，本性难移。有时候，只要有信心，人是可以改变的。尤其是对于相爱的人，你要是爱着对方，就给他机会去改变。但是，要求对方的同时，也要严格要求自己，对于自己的一些为对方所不能容忍的毛病，一样要加以改正。

的确，一个家庭建立起来不容易，靠的是一砖一瓦，一丝一缕的温暖与

感情，但想摧毁它却是非常的轻而易举。一个健康的家庭关系，是需要经过一段漫长的、心心相印、风风雨雨的过程，需要双方不断自我反省和调整，更重要的是两个人有着宽容开放的心，在爱中学习爱。

可能在婚姻和爱情的磨合期中，很多的人都想努力改造对方，要对方变得完美，一旦对反犯了什么错误，就把这段辛辛苦苦经营的爱情打进地狱，这是爱情痛苦的根源，但我们要知道尘世中的哪一种生活也称不上完美。不求完美，我们的心中便会多一份坦然，多一份满足，换言之，也就是多了一份幸福。

在感情的世界里，爱人之间最重要的基础是宽容、尊重、信任和真诚。宽容是善待自己、善待爱情的最好方式。即使对方做错了什么，只要心是真诚的，就应该重动机而轻结果，这样才能唤回幸福的爱。另外，如果彼此相爱，为什么不多一份宽容与忍耐呢？充分地理解对方的行事做法，不苛求，不抱怨，如此，必然给对方以爱的源泉，爱情才会和美。

的确，无论是爱情还是婚姻，说白了就是两个人如何相处，而最好境界的相处之道莫过于糊涂一点，你会发现，呈现在你眼前的，那便是美好。

用平等、尊重的心去与爱人交流

尊敬意味着与对方之间存在一定的距离，甚至敬畏。尊敬如果存在上下级关系，就不是平等的，而爱却无上下之分，也没有悬殊的力量，爱能够包容一切。

——尼采《人性的，太人性的》

这里，尼采的观点是，爱与尊敬无法兼得。要想被爱，就要放下那些所

谓的荣誉心，因为爱人之间必须是平等的，没有那些敬畏之心的。

对于我们每个人来说，无论我们在职场、社交中表现得多么优秀，我们都还是渴望有个爱自己的伴侣，有个幸福的婚姻，但对于爱人，我们一定不能有架子和威严，而应该用平等、尊重的心去与爱人交流。我们先来看下面一个故事：

一次，女王维多利亚忙于接见王公，把她的丈夫阿尔倍托冷落在一边。丈夫很生气，就悄悄回到卧室。很长时间后，有人敲门。丈夫问："谁？"回答："我是女王。"门没有开，女士又敲门。房内又问："谁？"女王和气地说："维多利亚。"可是门依然紧闭。女王气极，但想想还是要回去，于是再敲门，并温和地回答："你的妻子。"结果，丈夫马上笑着打开了房门。

维多利亚女王是个很伟大的女性，可是她在丈夫面前只是一个妻子，她和她的丈夫是平等的。

那么，具体来说，我们该如何做才能被人爱呢？

1. 多交流和沟通

有人说，婚姻是两个人的舞蹈。因此，关键是怎么跳才和谐。若一方只知道迈着自己独特的舞步，那么另一方就会因为跟不上而逃避。既然婚姻是两个人的舞蹈，那么再忙也要每天坚持跳上一段。

2. 说点甜言蜜语

人都是听觉动物。恋爱中，会说话的人总是更讨人喜欢，嘴巴甜一些，恋人也欢喜，尤其是见对方父母的时候，能说会道的人更容易让对方家长接受。

在恋爱期间需要甜言蜜语，走进婚姻的殿堂更需要甜言蜜语来滋润婚姻。在讲话的时候，不要太苍白，太没有情味，讲话直来直去，这样会招致情感上的冷淡，甚至走到家庭破裂的边缘。

无论是热恋中的情人还是夫妻之间，爱情的表达并不是多余的，它可以将平淡的生活之海激起一朵朵五彩的浪花。但现实生活中却有许多人忽略

了这一点，结果感到婚后的日子平淡无奇，少了激情，更有甚者陷入情感危机。其实有时候，一句直抒爱意的“我爱你”，分别时候的一句“我想你”，对你来说，可能只是举“口”之劳，可对对方来说，却是倍感温馨。

3. 学会转换角色

可能在工作中，你也已经习惯了对下属不苟言笑，因为这有助于你树立权威，但在情感中，你必须改变。回到家，身为女强人的你要努力做个小女人，展现女人柔美、妩媚的一面。如果你是个事业狂，你也应该努力做个贴心的丈夫。

在现实生活中，我们常常可以看到这样的镜头：一对夫妻到一家餐馆去用餐，太太问先生：你要吃什么？先生说，我要吃炸酱面。太太马上说，你吃什么炸酱面，吃那个对你不好，又没有营养。连先生自己吃什么的权利都被剥夺了，这位太太多半是一位“女强人”。

如果你也是这样的妻子，你是否已经发现，你在单位喜欢发号施令，这种习惯自觉不自觉地就带到了家里。家里有什么事，你先发表观点，先生要是不同意，你就一直到说服他为止。慢慢地，先生不爱说话了，你们的关系也很紧张。你是不是该做些什么？

其实，解决这个问题的答案很简单，就是及时转换自己的身份。上班的时候，当个“女强人”，和男人一样雷厉风行地工作；下班回到家中，变得小鸟依人，在家里甘居下风。

4. 学会示弱

无论是男人或女人，示弱都能让对方感到自己是被需要的。即使有些事你能自己完成，说几句好听的话，都能调动对方的激情，让彼此之间更亲密。

所以，爱不是像电视演的那般诗情画意的，而是一门哲学。别再执着于谁必须要为谁改变，谁必须听谁的之类的问题。所有这些，都是为了爱，和自己所爱的那个人。变或者不变，完全视乎你自己怎么看。

当你对于结婚踟蹰不定时要知道的问题

当是否要结婚的抉择摆在你面前时，如果你踟蹰不定，那么，请问自己一个问题，再过几十年，等到八九十岁时，你们是否还会相谈甚欢？

——尼采《人性的，太人性的》

这里，尼采为那些陷入到底是否应该结婚困惑中的人指了一条明路——是否有共同语言与沟通欲望应该成为我们决定的重要因素。

古今中外，关于幸福，人们有很多的理解：对一门心思敛财的葛朗台，拥有如山的金币大概就是他最大的幸福。当他年老力衰，甚至生命垂危之时，他仍念念不忘他的金子时，这样的幸福是多么的可悲。当中国的封建学子们以“洞房花烛夜，金榜题名时”为人生的最大幸福，并且为之疯狂时，我们亲眼看到了无数个吴敬梓笔下的范进中举后喜极而疯的场面，幸福就是如此吗？其实，真正的幸福是与自己相爱、合适的人厮守终生。在爱情中，幸福很简单，只要我们懂得发现，懂得珍惜，幸福就很简单。

然而，所谓珍惜并不是要去珍惜最好的，那不叫珍惜。珍惜的真谛恰恰在于敝帚自珍，正因为不够完美，所以才需要我们去珍惜。只有珍惜，才能使寻常的日子，寻常的人，寻常的感情历久弥新，变得珍贵起来。

那么，什么样的配偶才是合适的人呢？

我们可能都有这样的体会：你的一个朋友买了一件很漂亮的衣服，他穿起来很好看，于是，你也想买一件，但在试穿后，你却发现，这件衣服再好看，却不适合自己的气质，你只能放弃……这只是生活中的一个简单的道理，但从这件小事中，我们不难得出一点：适合自己的才是最好的。其实，在择偶这一问题上，我们也应该明白，绝不可因为周围的人已经进入婚姻，

而草草结婚，只有寻找到与自己有共同语言、相谈甚欢的人，我们才有可能经营出幸福的婚姻和人生。我们不妨先来看看下面这个故事：

冯玉祥将军当年择偶，颇费了一番周折。在遇到了皮肤黝黑、相貌平平而又不修边幅的才女李德全时，他先问对方："你为什么同我结婚？"

她的回答不同凡响："上帝怕你办坏事，派我来监督你！"

这是一个幸福的求婚故事，也是一段幸福婚姻的开始，欣慰一笑的同时，我们也应该从中吸取一些择偶经验：与自己有共同语言的人走在一起，我们才有可能谱写幸福婚姻的篇章。

我们都是在集体中生活的人，我们也都有自己的圈子，于是，我们常常可能会不经意地用周围人的眼光来审视自己的生活，认为别人已经成家了，自己也应该结婚；如果我的爱人也这么漂亮，带出去该多有面子；如果我的老公也这么有钱，我就不用这么辛苦了……许多时候，人们往往忽视了什么是真正的幸福，认为只有别人觉得自己是幸福的，才是真的幸福，而实际上，幸福是属于自己的，他人只能旁观，却不能真正感悟，一味地模仿别人的生活，很可能让自己离幸福的脚步越来越远。

这就如同人们常说的："如人饮水，冷暖自知。"我们不能把自己的意识形态强加于别人，当然也不会轻易接受别人的思维。人是群居动物，不是特立独行的，我们不要用那些苛刻的条件来挑选配偶，只要与我们有共同语言、能与我们相谈甚欢的人，就是合适我们的人。总之，请不要用别人的眼光去审视自己的幸福，幸福是属于你自己的，任何人都有话语权，但却没有决策权。

新时代的人们，都应该有一颗独立自主的心，要明智地选择自己的配偶乃至人生，更加理智地去看待身边的人或事情，从而让我们的生活更加和谐，更加美好！

渴望被爱之前请努力提升自己

现在的你，是不是坚信要把最好的自己留给对的人？是不是相信那个合适你的人终究会出现？你是不是等了很多年？你是不是希望那个人深爱着你？再没有比这更自以为是的了。在这之前，请问问自己，我是不是值得让更多的人喜欢自己？

——尼采《人性的，太人性的》

这里，我们能提炼出尼采关于爱情的一个重要观点——在渴望被爱之前，我们首先要做的就是努力提升自己，让自己更美好，让更多的人喜欢自己。那些被众人所厌恶的人，又怎么能指望他人爱你呢？

诚然，爱情是世间最美好的事物，千百年来，对于爱情的各种故事也被广为传诵，我们每个人都渴望有一个深爱自己的爱人，都渴望能与之携手走完一生。然而，要得到他人的爱，我们是不是应该先做一个受人欢迎的人呢？

不难发现，我们生活中的一些人，他们总是做着各种美丽的爱情梦，女人们希望自己遇到白马王子，男人们也一直在等待着自己的梦中女神，但事实上，最终，他们遇到了吗？如果你不变成更美好的自己，又怎么可能遇到美好的他（她）呢？

当然，没有最好，只有更好，我们不可能十全十美，我们的爱人也不可能十全十美，但我们应该有一个追求完美的心态。“取法其上，得其中也；取法其中，得其下也；取法其下，不足道也。”只有与时俱进，以高标准的要求来要求自己，我们才会逐渐完善自己。

学着接受真实的对方，学着为彼此的差异喜悦

爱的意义不是为了寻找与自己完全相同的人，也不只是为了寻找接受并爱自己的那个人。爱是为与自己完全相仿的人的真实状态而喜悦。即便此人与你有着相反的感情，我们也要为了这一感情而喜悦，这才是爱的真谛。

——尼采《漂泊者及其影子》

我们从尼采的这句话中能感受到，爱一个人的真谛，就是要学会爱真实的对方，并接受彼此之间的差异。的确，我们总是戴着面具走进爱情的，总想展示自己最优越的一面，刻意隐藏着平凡普通的那部分。你要接受一个人，不只是接受他的优越，更要看清他的平凡普通并仍然去深爱。事实经常是：我们走着走着，就感觉对方变了，其实，我们只是走进对方最真实的地方，然后迷失了自己。

任何一个人，都希望自己爱情、婚姻幸福，然而，相爱的两个人，通常都有着不同的性格和生活习惯，难免会出现一些不和谐的因素，但只要我们能做到心平气和，尊重、理解和包容对方，是能做到求同存异的。

我们先来看看下面的故事：

妻子有着一般女人的爱好——逛街，而且经常是日出时出门，日落时还不进门。因为这一点，我和妻子在结婚之初时闹过很多次矛盾。

记得那一次，五一长假的第一天，她就拉着我去陪她逛街。我只好硬着头皮去了，谁知道，妻子这个好动的女人，对什么都感兴趣，一会看看这个，一会看看那个，对于自己想买的东西，不仅要货比三家，还要讨价还价，我实在受不了，就催她赶紧付钱，结果妻子不高兴了。回家后，我们吵了一架。

自从那次后，只要妻子再拉我去逛街，我都千方百计地找借口推辞，时

间长了，她也就不喊我了，而是找自己的姐妹。

其实，刚结婚时，我也希望能把妻子好动的性格扭转过来，希望她也能和我一样在家看看报纸，看看新闻，多学点东西。但被妻“改造”自己的情况却说明，把个人喜好和性格强加于人，无异于帮助别人制造痛苦，我的打算也就此“流产”。

如何协调夫妻关系呢？后来，我在翻阅历史书时，看到“求同存异”四个字，这四个字给了我启示，夫妻间也可以求同存异。跟妻子商量，她赞同这观点。于是，我们进行进一步协商，我们认为，妻子好动，就应该让她去参与适合她的活动；我喜静，则由我去从事自己喜欢的事儿，只要不超原则，即互不干涉；同时，我们觉得，还必须挖掘出一些共同点，否则，两个人的话题会越来越少。于是，我们买了网球拍，傍晚时，我们就去小区的网球场锻炼。

时间证明，我们这套相处方法还是有效的。妻子再去逛街，一般只会告知我一声，我也不用跟着去了。而我则在家中做自己喜欢的事，如看新闻，读书、看报、写文章，互不干扰，各得其乐。如今我们的婚姻已过了七年之痒，期间少有矛盾摩擦，恩爱和睦。我和妻子的性格如此不同却能和睦相处，我想应该就是求同存异的结果吧！

很明显，从这位先生的经验中，我们能看出，他之所以能和妻子和睦相处、恩爱如初，就是因为他们遵循了求同存异的相处之道。

其实，两个人相爱，大部分也是被彼此所没有的特质所吸引，只是在不断相处的过程中，我们逐渐忘了这一点，要知道，每个人的性格不同，把自己的喜好、习惯强加于对方，必当会引发很多矛盾。

爱人之间要做到接受真实的彼此，就是要尊重对方与自己不同的方面，尊重对方的个性，这也是一个人保持独立人格的基本要求。虽然大家生活在同一片屋檐下，但仍然是有自己的思想的个体，依然有各自的爱好和价值观。当然这求同存异也不是放任对方，只要对方的行为不破坏家庭的稳定，有利于保持身心健康，我们就支持。存异的目的是为了求同，这求同对于家庭来说，当然是为了家庭的温馨、家庭的幸福。

第11章

跨过人生中的磨难，直面成败才能勇往直前

过早地成功背后暗藏的危机

少年有成，而心志不成熟，就会变得骄傲自满，忘却年长者的教诲，忘却脚踏实地的态度的重要性。多年之后，别人已经变得成熟，而他们还是停留在曾经的成绩中，炫耀自己的过去，变得难以自拔。

——尼采《漂泊者及其影子》

这里，不难发现，尼采要告诉我们的是，没有人能随随便便成功，过早地成功，会冲昏年轻人的头脑，让他们变得浮躁，失去正确的价值观，也会失去发展的机会，而一个人只有经历痛苦、失败，才能明白成熟的真正含义，也才能成为一个具备成功者资质的人。我们先来看看《伤仲永》的故事：

从前，有个叫仲永的孩子，他很小的时候，就表现出了与众不同的才智。

5岁时的一天，他突然哭闹着要纸和笔，可他们家里实在是太穷了，哪里有闲钱买这个呢？于是，他的父亲只好从邻居那里借来这些东西，看到纸笔后，他马上不哭了，还写了一手好字呢！

很快，方圆几十里的人都知道一个没读书的孩子居然会写字，他的父亲一看自己的孩子像个神童，便带着他到处去给人写字，有的人为了感谢他，就给了他一些银子。他父亲认为仲永能帮他挣钱了，就不让他去读书，而以此为牟利的机会。

过了很多年后，有个出外很多年的人回来了，他向村民打听仲永的情况，

问：“仲永现在如何了？”有一个人回答：“跟普通人没什么两样了。”

仲永本身个资质不错的人，可最终却“泯然众人”。这也间接证实了尼采的观点——过早地成功也是一种危险。因为过早地尝试成功的滋味，能让一个人变得懈怠，对于那些年轻人来说，这无异于一种毒药，能让他们停滞不前。

其实，我们不难发现，从古至今，大凡成功者，无不是经历了一番“寒彻骨”，在磨难和痛苦中，他们练就了一身的本领和打不倒的意志。当然，这并不是要告诉我们放弃对成功的追求，而是要让我们学会锻炼自己的韧性，无论当下的情况如何，都不可过分张扬，也不可就此松懈。

宋代著名大文学家苏东坡在评论楚汉之争时就曾说：“汉高祖刘邦所以能胜，楚霸王项羽所以失败，关键在于是否能忍。项羽不能忍，白白浪费了自己百战百胜的勇猛；刘邦能忍，养精蓄锐、等待时机，直攻项羽弊端，最后夺取胜利。刘邦可以成大业是他懂得忍下人之言、忍个人享乐。忍一时失败；忍个人意气；而项羽气大，什么都难以容忍，不懂得‘小不忍则乱大谋’的道理。大业未成身先死，可悲可叹！”女词人李清照也叹：“至今思项羽，不肯过江东。”

当然，要想获得最终的成功，我们还需要从多个方面努力：

1.做事要有条理、有秩序，不可急躁

急躁是很多人的通病，但任何一件事，从计划到实现的阶段，总有一段所谓时机的存在，也就是需要一些时间让它自然成熟。假如过于急躁而不甘等待的话，经常会遭到破坏性的阻碍。因此，无论如何，我们都要有耐心，压抑那股焦急不安的情绪。

2. 立即行动，勤奋才能产生行动

我们都知道勤奋和效率的关系。在相同条件下，当一个人勤奋努力工作时，他所产生的效率肯定会大于他懒散时的工作状态。高效率的工作者都懂得这个道理，所以，他们能够收获工作上的成就感和满足感。

3. 低调中修炼自己，积累自己的实力

这需要你把每件任务当成自己唯一的追求去做，调动所有的储备和资

源，寻求一切可能的帮助。没有这种锲而不舍的精神，你可能一辈子也做不成什么大事。

实现自我价值，寻找自己渴望的力量

有些人，在接受了食物、衣物、住所乃至爱人、健康等以后，他们还是会感到不满足，因为他们缺少能证明自己价值的力量。

——尼采《曙光》

从心理学上来说，尼采这句话中的"这股力量"就是指获得幸福和给予他人幸福、实现理想生活状态的一种积极的力量，即内在幸福力。其实，对于这种力量的渴望也是人的需求的一部分。的确，人生在世，我们都有各种各样的需求。对此，社会心理学家马斯洛提出需求层次理论，并将人的需求分为五种，像阶梯一样从低到高，按层次逐级递升，分别为：生理上的需求，安全上的需求，情感和归属的需求，尊重的需求，自我实现的需求。从这里，我们可以看出，人的心理需求应该是更高层次上的需求。

可能在很多人看来，有衣食无忧的生活、有用之不尽的金钱就是幸福，然而，如果我们失去了实现自我价值的方式，那么，我们就会觉得如活在地狱一般。对此，我们不妨先来看下面一个寓言故事：

很久以前，在西方，有一个人在死后来到一个美妙的地方，这里能享受到一切他曾经没有享受过的东西，包括妙龄美女和美味佳肴，还有数不尽的佣人伺候他，他觉得这里就是天堂，可是在过了几天这样的生活后，他厌倦了，于是，对旁边的侍者说："我对这一切感到很厌烦，我需要做一些事情。你可以给我找一份工作做吗？

没想到，他所得到的回答却是摇头。“很抱歉，我的先生，这是我们这里唯一不能为您做的。这里没有工作可以给您。”

这个人非常沮丧，愤怒地挥动着手说：“这真是太糟糕了！那我干脆就留在地狱好了！”

“您以为，您在什么地方呢？”那位侍者温和地说。

这则寓言故事，是要告诉我们：一个人，失去工作就等于失去快乐。事实上，工作不仅为我们提供了生存的机会，还让我们找到了在社会中的价值。但事实上，生活中，并不是所有人都能认识到这一点，他们经常看到，或因为报酬不理想而放弃现在的工作，或为了前方一个薪资更好的工作而放弃快乐，或在现有工作上“做一天和尚撞一天钟”，因为他们工作的目的就是为了每月按时发放的薪水，而却没有想过工作是否快乐。

当然，实现幸福的力量不仅仅来源于工作，更是一种对未来的憧憬，对目标的追求。人们常说：“思想有多远，就能走多远”，这句话虽然有点夸张，但却道出了思想对行动的指导作用。同样，一个人能走多远，关键也取决于自己的目标。

那么，具体来说，我们该如何寻找自己渴望的力量呢？你可以记住以下几点：

1. 关注未来，不要满足于现状

如果你得过且过，每个月只为那点薪水工作，那么，你怎么会有热情呢？又怎么能为社会产生价值呢？相反，那些有梦想的人则不会只关心这些眼前事物，他们一般会用长远的目光关注未来。其实，在我们每个人心中，都有一个属于自己的梦想，但出于各种原因，可能这些梦想会逐渐被磨灭。任何人的潜能的激发只有具有一个伟大的动力，才会被最大限度地激发出来。

的确，梦想和目标可以燃起一个人的所有激情和全部潜能，载他抵达辉煌的彼岸。你若有了目标和梦想，不要把“梦”停留在“想”，一定要付诸行动，制定目标，这才可以带给你真正需要的方向感。

也许你会说，现在每天的学习和生活十分安逸，还需要什么梦想？但请

记住，能用自己的力量去创造美好人生的人，一定拥有超大的梦想和超过自身能力的愿望。

2. 树立脚踏实地的态度

你若想变得伟大，想成就一番事业，就必须具备勤奋的工作态度。爱因斯坦说："人的价值蕴藏在人的才能之中。在天才和勤奋两者之间，我毫不迟疑地选择勤奋，它是几乎世界上一切成就的催产婆。"真正的成功是一个过程，是将勤奋和努力融入每天的生活中、融入每天的工作中。成功没有捷径，它需要脚踏实地。

3. 努力工作，获得成就感

日常工作中，一些员工缺乏使命感，没有工作积极性，某种程度上是因为他们对自己的工作没有信心。其实，信心是自己给自己的，如果你努力工作，你就能看到自己的成绩，你就能成为行业内的专家。当你拥有成就感和自豪感后，你的使命感也就逐渐形成了。

社会中的每一个人，自打出生的那一刻起，就希望获得自我价值的认定，就希望获得一种力量，因此，我们每个人都应该行动起来，从而拥有持久的热情和动力去寻找梦想。

骄傲自满只会让我们陷入止步不前的境地中

面对赞许，人们会产生两种截然不同的态度，一种人害羞谦虚，另一种人沾沾自喜，止步不前。

——尼采《曙光》

这里，尼采向我们展示了面对赞许的人们的两种不同的态度，一种是谦虚；另一种是沾沾自喜。很明显，我们推崇的是前者，因为只有谦虚才会有

所进步，骄傲自满只会让我们陷入止步不前的境地中。

诚然，我们都爱听好话，被赞美是一件很快乐的事，谁都需要赞美的声音，赞美在我们的生活中是很正常的事。只不过过于看重赞誉的人往往会变得虚伪，变得骄傲，甚者会因此不可自拔！心灵上谁都需要赞美与安慰，这样友善的赞美、赞誉是很令人快慰的，坚定地接受是一种光荣。然而一些人是为了那样这样的赞美而刻意地去表现自己，这样，就迷失了自己。

一位哲人说过："只有真实的赞美，才能最打动人的心灵。"我们都是爱听赞美之言的，经常要求别人不要吝啬赞美。因为赞美是春风，它使人温馨和感激；赞美是火种，它可以点燃心中的憧憬与希望。如果身边的人能时时以饱满的精神、欣赏的眼光、鼓励的话语赞美我们，必能起到"随风潜入夜，润物细无声"的作用。

因此，生活中的每个人，都应该吸取前人的经验教训，即使在生活中取得了成绩，被人赞美，也不可自高自大，目中无人。

曾经有一个养殖村，这个村子里的村民基本上都以养猪为生。

一次，村里的猪圈被邻村的人破坏了，几头猪跑了出去。这些猪经过"放养"以后，变得很凶悍，人们很难捕捉到他们。

一天，村里的一个老者说自己要把这些猪都捕捉回来，人们都嘲笑他，因为即使村里那些猎手，也很难做到。然而，老人却做到了。

老人是这样做到的：他首先找到这些猪经常出没的地方，然后在空地上放少许谷粒当诱饵。刚开始，这些猪还有点聪明，都不靠近这些谷粒，但几天之后，它们发现这些空地是安全的，便把那些谷粒都偷吃了。随后，老人又在空地多放了些诱饵，只是几尺远的地方竖起一块木板。这些猪一看到木板，就"撤退"了。但面对那些诱人的谷粒，它们还是经受不住诱惑，于是，它们又回来了。此后，老人每天都会在谷粒旁边多加几块木板，看到这些木板，这些猪还是会远离一阵子，但最后都会再来'白吃午餐'。最终，围栏也做好了，陷阱的门也准备好了。最终，这些猪因为不劳而获而被老人重新捕捉到围栏里。

这里，可能我们会取笑猪的愚蠢，但从另外一个方面看，可以得出一个道理，一个人被赞许之后，就好比对方给了收买他的好处，自然会放松警惕，甚至成为他人的盘中餐。

人生在世，要经历的东西太多太多，成功也好，失败也罢，都没有必要过于执着。若是因为成功而得意忘形、骄傲自大，使自己陷入不利位置，更是得不偿失了。有些人在苦苦打拼的时候，一步一个脚印，踏踏实实地向前走，虽然艰苦，却很少出什么大的纰漏。而另外一些人成功了之后，却整日沉醉在无尽的喜悦中，忘记了继续努力，忘记了敌人的虎视眈眈，最终只能自取灭亡，这样的人成功得快，失败得更快。

任何时候，我们都要坚持做自己，坚持自己的个性，绝不可活在他人的眼光之中，为此，你需要做到：

1. 冷静思考、分析，抵御赞美之诱惑

我们面对赞美之言要能够冷静思考、分析，然后从中有所悟。一般人都会被赞美之言冲昏头脑，然后由欣喜转为骄傲，最终会目中无人，但能抵挡住别人赞美的诱惑的时候，就能成为善于运用智慧的人。

2. 要有自知之“明”

人贵有自知之明，这个“明”，既表现为如实看到自己长处，也表现为如实分析自己的短处。如果只看到自己的短处，似乎是谦虚，实际上是自卑心理在作怪。而如果只看得到自己的长处，那么，你就是自大。尺有所短，寸有所长。每个人都有自己的优势和长处。如果我们能客观地评价自己，在找出自己的长处和优势的同时，也能看到自己缺点和短处，那么，便能很好地弥补自己的不足。

3. 不要停下努力的脚步

可能现在的你已经小有成就了，你是他人眼中的榜样，但无论你被再多的荣誉的光环照耀着，你都不能停止前进的脚步。只有不断奋进，你才能转移注意力，不会让自己迷失在他人的赞美声中。

总之，无论是什么行业，想要做成功，在任何时候你都要做到冷静分析，有所反省，表现自己的能力，甚至创造奇迹。为了得到别人的赞美，刻

意表现自己是一种暗伤，为了几句虚伪而缥缈的赞美累积烦恼、苦闷，也得不偿失。不要失去真我，不为别人的看法而活，不为虚伪的赞美而生！

适时放，得到更深层面的进取

一言既出，驷马难追，并非是真正理智的行为，看似果断，实则有可能是顽固。决定是否采取某种行为时，我们应该从理性的角度来判断。

——尼采《曙光》

这里，尼采的观点是，果断与顽固可能是一步之遥。人们总认为那些一言既出、驷马难追的人很有魄力，因为只要他们下了决心去做某件事，他们就会想尽一切办法达到自己的目的，但事实上是，并不是所有的目标都能完成的，在错误的道路上一直走下去，这不正是一种顽固吗？

可能我们都有这样的感受：当我们从事一件事，身心俱疲，想要放弃的时候，常被身边的人这样鼓励："坚持，不要放弃。"然而，我们自身是否思考过，坚持真的就会胜利吗？事实上，有时候，当我们碰得头破血流的时候，我们才发现，原来自己一直在走一条错误的路，回过头来看，我们已经浪费了太多的精力。因此，我们在为努力奋斗、勤奋学习乃至为梦想付出的过程中，也不能太过盲目，而应该思索自己的方向是否正确。如果你发现梦想越来越远，那么，你就要果断放弃，因为放弃有时候是为了更深层面的进取。

在印度的热带丛林里，人们捕捉猴子的房子是奇特的：

人们先安置一个固定的小盒子，然后在里面放上猴子爱吃的食物，而盒子并不是敞开的，而是在上方开一个小口，正好可以让猴子把前爪伸进去，

而贪吃的猴子肯定会把爪子伸进去，此时，它的爪子就出不来了。

人们常常用这种方法捉到猴子，因为猴子有一种习性：不肯放下已经到手的东西。

人们总会嘲笑猴子的愚蠢：为什么不松开爪子放下坚果逃命？实际上，我们人类又何尝不是如此呢？

现实生活中，很多人都和猴子一样，他们往往把目光盯在那些虚无缥缈的东西，而且还拼命地去争取，甚至不顾后果。其实，有时候，懂得放弃才能找到新的出路和机遇。对此，美国电话电报公司前总经理卡贝提出：放弃是创新的钥匙。这就是著名的卡贝定律，这一理论教会人们：在未学会放弃之前，你将很难懂得什么是争取。

瑞士军事理论家菲米尼有一句名言：“一次良好的撤退，应与一次伟大的胜利一样受到奖赏。”同样，生活中的每个人，也要学会放弃，并且要果断、大气地放弃，以另谋出路。当然，不是面对任何事物都需要放弃，在毫无出路或者面对那些蝇头小利或毫无前景的决策时，才应该做有目的、有计划地放弃，才是追求创新所必需的成功条件。纵观世界各大企业，都未尝不懂得放弃在追求新机遇上的重要性，其中松下公司尤为典型。

1964年的时候，日本松下通信工业公司突然宣布不再做大型电子计算机。当时的松下已经花费了5年时间，投入高达10亿日元研究开发资金，而研发也很快要进入最后阶段，松下公司突然全盘放弃，需要多么大的胆魄。那个时候的松下经营得十分顺利，财政上也是安全的，所以这一决定成为世界商业史上的一次重要决定。当时的松下幸之助是因为考虑到大型电脑市场竞争十分激烈，一着不慎，就可能使整个公司陷入危机之中，等到那个时候再行撤退，可能就为时已晚。

这个撤退的决定是正确的，之后的市场正是按照松下的预测行进，像西门子、RCA这种世界性的公司，都陆续放弃了大型电脑的生产，松下用他的预见能力和全局观念果断放弃，由此走在了他们前面。

的确，一件事情，重要的不是现在怎样，而是将来会怎样。要看到事

物的将来，就必须有高远的眼光。看清了它的将来，坚定不移地去做，事业就已经成功了一半。明智的人总会在放弃微小利益的同时，获得更大的利益。

在世界软件行业，微软为什么能处处领先，它靠的是什么，就是创新。很久以前，几乎所有人都认为只有硬件才能赚钱，比尔·盖茨是第一个看到软件前景的商人，而且“以软制硬”，把其软件系统应用到所有的行业或公司。人们把盖茨称为“对二十世纪影响最大的商界领袖”，一点也不过分。而假若盖茨没有放弃自己在哈佛的学业，又何来今天的成就呢？

的确，几乎每一个人都渴望成功的降临，但事实上很少有人能预期获得成功。有的人盲目行事，心中有了什么好的想法就马上开始实施，不等待，不忍耐，也不经过仔细思考，最终面临惨烈的失败。其实，要想获得成功就必须有周详的谋划，经过一段时间的准备之后再行动，而一旦发现目标是错误的，就应该立即放弃，并调整新的方向。只有这样，才能最终获得成功。当然，在追求成功的过程中，有时候，我们需要放弃的不仅仅是目标和方向，还有让我们感到疲惫的压力。因为只有放弃压力，及时获得新的能量，我们才能继续上路。

成功要听得进去反对的声音

磨菇通常生长在那些潮湿、阴冷、不通风的地方。在现实中，腐败和堕落的产生，也是因为少了批判之风。批判不是故意刁难，它像一阵风，吹在脸上很冷，但却能使空气干燥，以防止那些邪恶的细菌繁衍。

——尼采《人性的，太人性的》

可以说，批判的意义和精髓在尼采的这段中尽显无遗：一个人，要想获得成长，一个组织，要想健康发展、壮大，都必须能听得进去反对的声音。古人所说的逆耳忠言也就是要警告我们这点。

一代明君唐太宗李世民说过："以铜为镜，可以正衣冠；以古为镜，可以知兴替；以人为镜，可以明得失。"贞观之治乃至大唐盛世的出现，可以说是太宗听得进去宰相魏征的逆耳忠言。批评是一门艺术，然而接受批评更是一种气魄，人无完人，任何人能力、品质都需要不断完善，通常情况下，人们对自己的缺点和不足都没有清醒、正确的认识，而如果我们能虚心接纳别人的批评，我们便能不断地完善自己。

魏王决定建造一座很高很高的台阁，它的高度恰好是天与地之间距离的一半，并将这座高台起名叫"中天台"。很多人知道魏王这个决定后，都觉得很荒唐，于是纷纷前来劝阻魏王。魏王感到非常生气，他传下命令说："谁要再来反对我的决定，一律杀头！"这样，大家都不敢再说什么了，只是在心里着急。

一天，有个叫许绾的人背着筐，拿着铁锹到王宫来求见魏王。他对魏王说："听说大王要建一座'中天台'，我愿前来助大王一臂之力。"

见到这个前来帮助建造高台的第一人，魏王感到很高兴。魏王问他："你有什么力量能够帮助我呢？"

许绾说："我没什么了不起的力量，我只是能帮助大王您商量建台的计划。"

魏王连忙高兴地问他说："你有什么高见？快讲来我听。"

许绾不慌不忙地说："大王您在建造高台之前，先得发动大规模的战争。"

魏王很不理解地说："你这是什么意思？"

许绾说："请大王听我分析。我听说天地间相距15000里，中天台的高度是它的一半，那就是7500里，要建7500里高的台，那么台基就得方圆8000里。现在拿出大王的全部土地，也远远不够做台基的。古时尧、舜建立的诸

侯国，土地一共才方圆5000里。大王要建中天台，首先就得出兵讨伐各诸侯国，将各诸侯国的土地全部占领。这还不够，还得再去攻打四面边远的国家，得到方圆8000里的土地之后，才算凑齐了当台基的土地。另外，造台所需的材料、人力，造台的人需要吃的粮食，这些都要以亿万为单位才能计算。同时，在方圆8000里以外的土地上，才能种庄稼，要供应数目庞大的建台人吃饭，不知道还得要多大的土地才够用呢。所有这些，都必须先准备好了，才能动工造高台。所以，您应该先去大规模地打仗。”

许绾说到这里，魏王目瞪口呆，一句话也说不出来。后来，魏王当然是放弃了造中天台的想法。

这里，我们应该欣赏的并不仅仅是许绾的口才，更应该佩服魏王的气度。然而，中国历史上，能虚心接受批评的帝王将相并不多，正因为如此，他们常亲小人远贤臣，最终被小人推进火坑，落得凄惨悲凉的下场。

我们每个人，都会在生活、工作、学习中，遇到挫折、失败，乃至磨难。有些人会怨天怨地，牢骚满腹，但很少有人能找到自己的主观原因。因为人们通常会被自己的双眼蒙蔽。而当有人对我们指出错误、批评的时候，我们会有这样的想法：他怎么老是看我不顺眼？这个人真是讨厌，处处跟我作对，更有甚者，会对其进行攻击甚至报复。如此，我们自身的缺点不仅得不到完善，错误得不到改正，还会理所当然地被肯定，在身上肆无忌惮地发酵，最后一发不可收拾，后悔莫及。

其实，不妨反过来想想，此人对你有意见，毫不留情地指出你的失误和不足的地方，那说明什么问题呢？可能是你真正存在需要改进和完善的地方，你还做得不够好，以至于得不到别人的认可和赞赏，还需要自我检讨和反省。而这些东西不是我们随随便便就能意识到的，也就不会随随便便地成功。相反，如果你能听进去别人的批评，然后能从自身找问题，发现了自己的不足之处，积极地虚心接受和改正，并不断地完善自己，这将会是你一生中宝贵的财富，其价值远远超过了对方批评你时直接的说话方式，或者说伤害到你的感受或自尊的程度。

总之，我们需要认识到的是，在我们的成长过程中，有人批评甚至咒骂并非坏事，有人这样对你，至少说明你是个有价值的人。所以，当别人批评你时，你千万不要为此不悦，反而应该欣然接受，他无偿地告诉了你现在正处于什么样的位置，你应该怎么做才能更好。很多人都不愿意接受别人的批评，或者不敢面对别人的批评。其实，有了这些批评，你的进步会更快，你更能认识了解自己。对于这样的一个收获，我们应该向批评我们的人表示感谢！从这个角度想，你会意识到是他让你从茫然中醒悟，然后你便可以重新认识自我、审视自我。那么，对方也会对你刮目相看，你的人际关系也会其乐融融！

第12章

工作是人生的脊柱，人类因工作而伟大

与 热爱工作、积极向上的人相交

只要你工作竭尽全力，通常，都能获得一定的成果，对他人也比较宽容，这样的人，是值得我们交往的。

——尼采《曙光》

尼采的这句话的含义是，我们要与那些积极向上、努力工作的人为伍，只有这样，我们也才会成为积极向上的人。

有人说，人就像一个磁场，无论什么样的人都会像磁场一样影响别人，就像阳光的人会让你豁然开朗，开心豁达的人让你心情舒畅，积极的人给予你积极的影响，消极的人给你消极的影响。有句谚语叫做：跟着好人学好人，跟着司娘跳假神。人的情绪和心态是能相互影响的，因此，如果你想成为一个热爱工作、积极向上的人，你也就必须要和积极的人为伍。

心理学家研究认为：人是唯一能接受暗示的动物。积极的暗示，会对人的情绪和生理状态产生良好的影响，激发人的内在潜能，发挥出超常水平，使人进取，催人奋进。因此，人际交往中，如果你想提升自己的价值，有一番作为，就远离消极的人，而与积极上进的人为伍吧！否则，消极者会在不知不觉中偷走你的梦想，使你渐渐颓废，变得平庸。生活中最不幸的是：由于你身边缺乏积极进取的人，缺少远见卓识的人，你的人生变得平平庸庸，黯然失色。

微软最初是从两个好朋友创业开始的，发展到现在，已经成为拥有8万多员工的大企业了。在公司中，盖茨的领导力发挥了重要的作用。他独特的人格魅力，他所创造的积极勤奋的工作氛围，吸引了全球软件行业的顶尖人物纷至沓来。他们个性迥异，如果没有他们对盖茨的感恩，对工作的勤奋，那么微软在30年的创业历程中时刻都有可能分崩离析。

微软公司内部早已营造出一种“工作第一，以公司为家”的气氛，当年盖茨本人对工作的狂热和勤奋也带动了员工的工作激情。大家都是没日没夜地干，甚至可以一连几天都不休息。人们也经常看到盖茨加班工作，与员工一起讨论公司的经营计划，并经常鼓励员工要突破障碍，努力进取。对表现出色的员工，盖茨也会给予高额的物质奖励，以及精神上的鼓励。这也让员工自身的价值得以体现，对微软和盖茨都充满了感恩之情。而这种感恩，又会带动员工的积极性和工作热情。面对困难时，一个员工可能难以解决，但是多个员工同心协力，困难就会很容易被瓦解。

如今的盖茨已经辞职了，但他为微软创造的价值，以及为微软员工带来的影响，却是深远而意义非凡的。正是他站在员工们的前面，为员工做榜样，才让更多的微软人找到了归属感，让员工真正体会到微软不只给员工发薪，还关注员工未来的发展，以及他们的家庭，从而使员工心怀感恩，更乐于勤奋工作。

的确，勤奋不仅是一种对待生活、工作、学习的态度，也是一种感恩的具体表现。一个人只有心怀感激，才能投入全部的激情努力工作，这样，无论他遇到什么困难和压力，都能不断寻找解决的方法，而不是牢骚满腹，也才能不断提高自己，赢得成功！

生活中，我们不可能与所有人都相交，因此，我们应该有目的地结识他人，比如，那些同专业里的专家、权威人士，与他们结识，把他们当老师，我们不仅能学到最精尖的专业知识，更能学到他们对专业和技能的钻研精神，甚至能在行为得失上给我们以指点，也能扶持我们一步步成长、成功！

总之，如果你也想做一个成功者，就要时刻向成功者靠近。与成功者为伍，哪怕并不是同一领域的人，他们也可以与你交流他们的经验和教训。你

可以从强者身上学习如何变得更强。哪怕这样会让你自惭形秽，但是你得到更多的，则是来自成功者的宝贵经验，来自榜样的无穷激励。近朱者赤，只有时刻学习一流人物的品质精神，才能让你也逐渐成为一流人物！

远离那些只为薪水而工作的人

有些人玩世不恭、工作不尽全力，他们只会为了薪金而勉强工作，这样的人，他们的心是狭隘的，对于竞争对手，他们也会毫无根据地怨恨，对他人怀有憎恶之情。

——尼采《曙光》

尼采的这句话就是劝诫我们要选择与积极、努力工作、心怀感恩的人为伍，而对于那些应付工作、为了钱而工作的人，我们要远离，因为他们会磨灭我们工作的热情，让我们成为和他们一样玩世不恭，缺乏责任心。

然而，我们生活的周围，却到处充斥着这样一些人，他们每天带着一脸的茫然和无奈去工作，茫然地完成上级的任务，茫然地领回工资。他们认为，自己所做的，不过是为别人打工而已。很明显，这种消极的工作状态无论对于员工个人还是对整个组织而言，都是极为不利的。被动地应付工作，我们自然不可能投入全部的热情和智慧，也就不可能在自己的岗位上有所成就。同时，我们深知，效率是任何管理工作的根本目的，没有工作热情的工作状态又有何效率可言呢？

相对而言，我们要有意识地尽量远离这些人，就算他们有别的长处，但毫无疑问，他们还是会成为你人生经历中的毒药。事实上，对世界充满抱怨的人，几乎无法在社会上立足。

有一天，一个生物学家经过一家农场，看见鸡舍里的鸡群中有一只老鹰，于是就问农场的主人，为什么鸟中之王会落魄到这般与鸡为伍的地步。农场主说："因为我一直喂它鸡饲料，把它训练成了一只鸡，所以它一直都不想飞，它的一举一动根本就是只鸡，它也根本不以为自己是一只老鹰了。"

生物学家说："不过，它到底还是一只老鹰，应该一教就会的。"

经过一番讨论后，两个人终于同意试试看是否可行。生物学家轻轻地把老鹰放在手臂上，然后说："你属于蓝天而不是大地，张开翅膀飞翔吧！"可是，那只老鹰有些疑惑，因为它不知道自己是谁？然后，它看到鸡群在地上啄食，于是又跳下去与它们做伴了。

生物学家不死心，又把老鹰放到屋顶上怂恿它飞，他说："你是一只老鹰，张开翅膀飞翔吧！"可是老鹰对自己的不明身份和这个陌生的世界感到恐惧，于是又跳到地上觅食去了。

我们不得不为故事中的老鹰感到悲哀，原本他有着鹰的特质，却因为长期和温顺的小鸡们在一起，而失去了飞翔的本领。其实，现实生活中的人们何尝不是如此呢？原本他们很优秀，由于周围那些消极的人影响了他，使他缺乏向上的压力，丧失前进的动力而变得俗不可耐，最终变得如此平庸。

我们不难发现，工作中，有两类人，第一种人，我们可能经常听到他向身边的人抱怨：为什么我的工作这么累，我们的工作太无趣了，工资太少了，工作毫无前途……第二类人，每天早晨，我们都能看到他们带着微笑来到办公室，他们总是快乐地工作着，领导交代给他们的工作，他们总是能积极完成……为什么有这样的差别？你更愿意与哪一类人共事？很明显是后者，因为从他的身上，我们能感受到让我们积极、奋进的正能量，能让我们产生一种对工作和他人的感恩之心，能让我们每天以愉悦的心情去工作，那么，我们自然能从工作中收获多多。

总之，我们每个人都要明白的是，工作岗位为我们提供了广阔的发展空间，工作为我们提供了施展才华的平台。工作中，只有远离那些消极、玩世不恭的人，亲近那些积极奋进、怀有感恩心态的人，我们才会获得持久的工作动力。

行动第一，少说漂亮话

在现实生活中你会发现，那些到处宣扬自己是值得信任的人，反而无法取得他人的信赖。因为这样的人，要么表现得自高自大，让人觉得是自恋狂，要么是因为太爱自己而认不清自我的人。因此，证明自己值得信赖的最好的办法是以行动示人。

——尼采《漂泊者及其影子》

这里，尼采向我们表明了行动在信任建立过程中的重要性。行胜于言，对他人的诚信行为远比那些空洞的语言真实。我们都知道，诚实是做人的原则，是一种正直的品格，历来受人推崇。现代社会，市场经济的繁荣，人们竞争的日益激烈，人们深知信任在自身发展过程中的重要性，然而，一些人却认为，只要说好场面话，就能建立信任。很明显，这只不过是自欺欺人而已。也正因为如此，他们的言行不一导致了彼此间的信任危机。莎士比亚有句名言："质朴比巧妙的言词更能打动我的心。" 其实，只要我们将行动放在第一位，少说漂亮话，是很容易打动对方的。

大雪纷飞的一天，一场战斗正在进行中。在这场战斗中，发生了这样一个故事：

一名将士带着自己剩下的几名士兵继续守护自己的城市，但不幸的是，他很快听到消息，敌军马上就要来攻打这座城池，而凭他们的实力，是撑不了多久的。为此，他决定派自己的一名信得过的士兵去另外一座城市求援。在接到命令后，这位士兵马不停蹄地赶往另一座城市。

在半路，士兵却遇到了一个难题，天马上要黑了，温度也降了很多，前面的湖面一个人都没有，任何船家都回去了，他只得在这里等候，看看有没有出没的船只。

天黑了下来，这个士兵很害怕，瑟瑟的风吹着，他冷得缩成了一团。天又开始下雪了，还越下越大，他暗暗祈求：上天啊，求你再让我活一分钟，求你让我再活一分钟！当他就快撑不住的时候，他看到，天亮了。

他牵着马来到河边，眼前的场景让他欣喜若狂，那条原本阻碍他的大河已经结冰了。他试着在河面上走了几步，发现冰冻得非常结实，他完全可以从上面走过去。士兵欣喜若狂，就牵着马从上面轻松地走过了河面。城市就这样得救了，得救于士兵的忍耐和等待。

其实，我们的身边也有这样一些和故事中的士兵一样值得信任的人，即使遇到再大的困难，他们也会坚守自己许下的承诺。

“因为做人最要紧的是诚实，一个人不诚实，人家就不相信你，失信于人，就不会有威信，也就什么事情也干不成了。”这是我国伟大的历史学家司马光的父亲司马池从小对孩子的谆谆教导。守不守信用，讲不讲信义，是一个人具不具备良好人品的表现，而它的形成不是随随便便的，是在生活实践中慢慢形成的。百尺之台，始于垒土。为此，一定要注意从小事做起，从一点一滴做起，你不妨从这些方面努力：

1. 防微杜渐，认识到不诚信行为的危害

有位美国学者，为了给自己的某个研究找素材，他来到某监狱，并采访50个罪犯，最后，他发现一件有意思的事。

有一个罪犯在坦白自己是怎么走上犯罪这条道路时这样说：

“我是从撒谎开始走向犯罪的。”

“那你为什么要撒谎呢？”

“小时候，家里面兄弟姐妹好几个，有一次分苹果吃，其中一个苹果又大又红，我们都想要那个大红苹果。我对妈妈说：‘妈，大的红苹果给我吃。’妈妈瞪我一眼说：“你不懂事，你怎么带头吃大的呢？”当时我观察发现，谁越说要，妈妈就越不给谁，谁不吱声或说了反话，谁就最有希望得到。这时我就撒谎说：‘妈妈，我就要最小的苹果。’妈妈说：‘真是个好孩子，就把大苹果给你。’说假话可以吃到大苹果！啊，越想要就越不说，到时候，你‘表现好’就可以得到。我们为了吃大苹果，所以就说假话。”

一次次小的撒谎行为就可能酿成整个人生的悲剧，这些罪犯之所以会走上人生的错误之路，就是从小小的谎言开始的。

2. 凡事诚实，不要敷衍任何人

只有诚实才能看清自己的未来，触摸到幸福的温馨。生活中，无论是对待朋友还是同事、家人，都要做到诚实面对，凡事做到问心无愧，你一定会成为一个正直的人。

3. 一诺千金，不要为了面子轻易允诺他人

真诚是力量的一种象征，它显示着一个人的高度自重和内心的安全感与尊严感。守信也是一种具备荣誉感的表现，也就是说，不要轻易允诺别人，一旦允诺，就要尽力做到！的确是非人力之所能为的，就一定放下面子，及时诚恳地向对方说明实际情况，请求谅解。

总之，一个重视自己诚信行为、“言必行，行必果”的人，才能逐渐形成迷人的人格魅力，才能成为值得信赖的人，也才能最终得到帮助，这也会是我们一生的财富。

用人格魅力征服别人，而非倚强凌弱

> 自我表现就是表现自己的力量，大致来说，我们可以将其分为三种：赠予、嘲笑、破坏是一种，爱与尊敬是一种，而诋毁、欺凌和伤害也是一种。
>
> ——尼采《曙光》

正如尼采说的，我们都希望表现自己，以获得他人的认可，而如何表现

自己，人们所呈现出来的两种方法是完全相反的，一种是与人为善，尊敬他人，另外一种是与人为恶，诋毁、伤害他人，那么，哪一种方式更有效呢？很明显是前者。生活中，人们常说，“你敬我一尺，我敬你一丈”。的确，人与人之间的关系是互相的，我们待别人如何，别人也会这样对待我们。将我们的友善传递给他人，我们获得的也将是他人的尊重，而贬低、诋毁他人，我们只会在无形中树立了一个敌人，四处为敌的人，是不会走得很远的。因此，我们可以说，真正有力量的人是会用人格魅力征服别人的，而不是以强凌弱的。

佛教中的一个故事就阐述了这个理念。

天国有一位国王，有一天，他要和他的仆人们算账。当他开始算的时候，有人带来了一个欠他一万两银子的仆人。因为这个仆人没有什么偿还之物，国王吩咐把他和他的妻儿都卖了还债。那仆人就俯身下拜，说：“主啊，宽限我些日子吧，将来我一定会还清的。”于是，国王就动了慈悲之心，将他放了，并免去了他的债务。

可是，那仆人出门后，碰见他的一个欠他十两银子的同伴，便揪住他，掐着他的喉咙让还钱。他的同伴就俯身在地，央求他说：“宽限我些日子吧，将来我会还清的。”这个仆人就是不依不饶，竟将他下了牢，要等他还了钱才肯放他出来。同伴们见了他的所作所为，均感难过，就将他的行为告诉了国王。于是，国王就把他唤到跟前，对他说：“你这恶毒的奴仆，我免了你全部的债务，是因为你求我。你难道不该对你那同伴有些同情，就像我怜悯你一样么？”国王大怒，把他交给掌刑的，直到他还清所欠的债再放他。

在《马太福音》中，有这样一句忠告：“你们各人，若不从心里宽容你们兄弟儿子犯下的过错，我那天父也要这样对待你们的。”对待任何人都是如此，只有真心待人，才能赢得友谊。

己所不欲，勿施于人。你怎样对待自己，也就怎样对待他人。为此，如果你想获得他人的肯定和认可。从现在起，你要努力做到以下几点：

1. 以尊重为先

其实，尊重别人很容易，尊重了别人，别人也会尊重你，即使那个人是你不喜欢的，那么请你尊重他的语言，把他的话认真对待，受到帮助时不妨谦逊点，说声“谢谢”，做了错事说声“对不起”。尊重他人，其实也是尊重自己。

当然，尊重与信任也是分不开的。美国哲学家和诗人爱默生说过：“你信任人，人才对你重视。以伟大的风度待人，人才表现出伟大的风度。”在人际交往中，信任就是要相信他人的真诚，从积极的角度去理解他人的动机和言行，而不是胡乱猜疑，相互设防。信任他人必须真心实意，而不是口是心非。

2. 热情待人

与人交往，热情是第一个被对方感知到的优良品质，这也是人际交往中的心理规则。因为人们总是有这样的感觉，那些热情的人肯定会有一些其他良好的品质，如有爱心、乐于助人、对生活保持乐观态度、容易接近等，而这些都是人们在交往中希望看到的。

3. 避免先入为主

在与人交往的时候，你没必要处处设防。而敏感、多疑，会让人产生不信任的心理。这种不信任是人际交往的大敌，它影响着你对好坏的判断，也会让你拒人于千里之外。

4. 主动交往，关心对方

寻求呵护是人参与交际活动的重要驱动力。在人际交往中，你若是主动关心对方，帮对方解决一些实际问题，让对方的心理需要得到满足，对方一定会感到你对他有莫大的呵护感，因而更加信赖你，未来交际的可信度与有效度会明显提高，对方与你交往的渴望程度也会大大增加。

5. 主动帮助他人

往往你给别人的一点友好，会换来别人的鼎力支持。作家霍桑说过：“人与人之间的互助是绝对重要的，可以关系到一个人是凡人还是巨人。”

所以，聪明的人们，你要学会感情投资，在朋友落难之时，不仅要给予其物质上的帮助，更要对其表现出重视。你重视别人，也才会换来别人的重视。

总之，我们一定要学会以德服人、以理服人、以爱关心人，形成你自己的人格魅力，自然也就能得到他人的认可和支持。

保持孩子般地率真，痛快地欢笑

何必觉得害羞，像个孩子一样笑起来，痛快地欢笑吧。你就会忘记那些烦心事，你的喜悦也能感染周围的人。

——尼采《查拉图斯特拉如是说》

这里，尼采鼓舞我们要做个率真、喜悦的人，快乐的情绪能帮我们将烦心事抵挡在外。生活中，可能很多人都被告知，做人要低调，要追求完美和成熟，诚然，这是我们应该遵循的处事原则，但这并不意味着我们要压抑自己的喜怒哀乐。哈佛大学一位教授曾说过：“我每次都很紧张，因为我害怕被发现一些内心的感受，但却被自己搞得很累，学生们也很累，我极力想表现自己完美的一面，争取做个‘完人’，但每次都适得其反。其实，打开自己的心扉，袒露真实的人性，会唤起学生真实的人性。在学生面前做一个自然的人，反而会更受尊重。”

日本京瓷集团创始人稻盛和夫曾说：“如果感恩之心是幸福的诱因，那么率真的态度也许是进步之母。即使是刺耳的话也以谦虚的态度聆听，当改之事就在今日立即改正，不拖到明日。这种率真的心态能提高我们的能力，改善我们的心智。”

实际上，稻盛和夫自己也是个率真的人。当他还是个研究人员的时候，

每次当他做完一个实验并得出惊人的结果时，他都高兴得雀跃起来，甚至手舞足蹈。他的助手对他的这一行为很是不解，因此，只是冷静地看着他。

一次，稻盛和夫又高兴得跳起来，他看到冷静的助手，便对助手说："你也高兴高兴呀！"助手露出一副无所谓的表情看了他一眼，说："你是多么轻率的人，你总是为一点小小的成功就高兴得不得了。一个男人高兴地跳起来的事情，一生中可能有一两件就不错了。像你这样动不动就高兴，只会让人觉得轻率。"

听到这话的瞬间，稻盛和夫感觉浑身上下被泼了一瓢冷水。但是，他很快恢复神态，对助手说："你说得很对，但是，我认为取得成果时，哪怕成果再小，还是单纯、率真地高兴为好。即使多少有些轻率，但是发自肺腑的高兴、感恩，是继续从事踏实的研究和勤恳的工作的动力。"

这就是稻盛和夫的人生哲学。生活中的人们，也应该保持率真的心态。即使是小小的喜悦之情，也应要表达出来。这才是真实的你，真实的人生。

其实，我们不难发现，那些率真的人，他们总是有更多的朋友，更有号召力。因此，我们也要学会将自己的喜悦分享给他人，于人于己，这都是一件很有意义的事。具体来说，我们可以这样做：

1. 先让你自己变得快乐起来

每天早上起床时，你都可以这样暗示自己："今天将是美好的一天！"并让这个自我激励深入潜意识中去。当你在奋斗过程中精神不振的时候，这样的潜意识就会引导你采取热情的行动，变消极为积极，焕发奋斗的活力。

2. 表达你的热情

我们不要指望冷漠的态度会起到感染他人的作用。热情与快乐是一对连体婴儿。对方在感受到你的热情时，自然也就对你敞开了心扉，也会逐渐传达给你他的情绪。

3. 幽默

幽默是一种特殊的情绪表现，也是人们适应环境的工具。具有幽默感，可使人们对生活保持积极乐观的态度。许多看似烦恼的事物，用幽默的方法

对付，往往可以使人们的不愉快情绪荡然无存，立即变得轻松起来。

4. 让你的微笑活泼一点

实际上，微笑是人类与生俱来的本能。可惜的是，这一本能却常常由于各种原因被人们搁浅、关闭甚至遗忘。不笑的原因就挂在嘴边：上班族说是因为太多繁杂重复的例行公事，老板们说是因为企业面临的巨大压力……尤其在陌生的环境里，微笑最容易被我们忽略。

如果你的微笑可以活泼一点的话，将更能表现你的真诚与快乐。当你对别人说“谢谢”的时候，要真心实意。你说的“早安”要让人觉得很舒服，你说的“恭喜你”要发自肺腑，你说“你好吗”时的语气要充满深切的关怀。一旦你的言辞能自然而然地渗入真诚的情感，你就拥有了引人注意的能力了。

人生苦短，人们都愿意快乐、积极地生活，因此，我们应该做的是带着笑脸工作，带着笑脸社交，微笑面对朋友，用开心和快乐去感染家人，感染同事，感染朋友……尽情享受生活的甜蜜与温馨，远离一切不快乐情绪的感染，给家人一份快乐，给同事一份快乐，给社会一份快乐。

人生短暂，珍惜当下

人生在世，死亡是终结点，因此，积极生活最重要。时间有限，我们能做的，应该是努力向前，要珍惜眼前的机遇。还是把叹息与呻吟留给歌剧演员吧。

——尼采《权力意志》

这里，关于生命，尼采的认识是，既然我们无法改变终有一死的结果，我们不如全力向前，珍惜短暂的时间。的确，生命是短暂的，我们与其有空

嗟叹，不如抓紧时间、珍惜当下、充实好现在，那么，你收获的就不只是实力，还有一份淡然的快乐。

有这样一个年轻人，他认为自己已经看破红尘。于是，他什么都没干，每天只是懒洋洋地躺在树底下。

有一个智者见到此景，想开导他，于是就问他："年轻人，你这么年纪轻轻的，怎么不去工作、赚钱？"

年轻人说："没意思，赚了钱还是要花掉。"

智者又问："你怎么不结婚？"

年轻人说："没意思，现在多少离婚的？"

智者说："你怎么不交一些朋友？"

年轻人说："没意思，交了朋友弄不好会反目成仇。"

智者给年轻人一根绳子说："那这样吧，你干脆用它了结生命吧，反正也得死，还不如现在死了算了。"

年轻人说："我不想死。"

智者说："生命是一个过程，不是一个结果。"年轻人幡然醒悟。

一句话点醒梦中人。一个年轻轻的人，却变得老态龙钟，什么都不愿尝试，对生活失去热情，这样，生命还有什么意义呢？安诺德曾说："世界上最糟糕的事，莫过于人类丧失了他的热情。只要仍保有热情，即使失去了一切，他仍旧能够东山再起。"

生命是一个过程，不是一个结果，如果你不会享受过程，结果是什么大家都知道。生命是一个括号，左边括号是出生，右边括号是死亡，我们要做的事情就是填括号，要争取用精彩的生活、良好的心情把括号填满。

怎么享受生命这个过程呢？把注意力放在积极的事情上。生命如同旅游，记忆如同摄像，注意决定选择，选择决定内容。詹姆斯巴里说："快乐的秘密，不在于做你所爱的事，而在于爱你所做的事。"工作在我们的人生中占据了大部分最美好的时光。比尔·盖茨有句名言："每天早上醒来，一想到所从事的工作和所开发的技术将会给人类生活带来巨大的影响和变化，

我就会无比兴奋和激动。”

有人说，生命就像一次旅行，在这段旅行中，我们会遇到艰难险阻，会遇到暴风骤雨，会遇到灿烂阳光，会邂逅美丽风景，会遭遇荆棘丛生，但无论如何，只要我们对自己的心灵有约，就会以全身心拥抱生命，即使饱经风霜，我们依然对生命充满热情，感悟生命中的点点滴滴；更能感受到生命之旅中，那些沉重的雨点击打时所带来的震撼和激情。

在人生旅途中，很多人为明天而焦虑，他们担心明天的生活，明天的工作，但实际上，这只不过是杞人忧天，我们谁也无法预料到明天，我们所能掌控的只有当下。而我们若想获得一个成功的人生，不仅要积累基础知识，更要修炼心性。心态改变命运，活好当下，全身心投入现在的生活和工作才是基础。未来靠的是现在，现在做什么，怎样做，要达到什么目标，才能决定未来是怎样。

当然，要放下为明天担忧的苦恼，就要树立积极乐观的人生态度，就要从自身做起，培养出一种艰苦奋斗、开拓进取的精神品质。要树立积极乐观的人生态度，就必须把个人的成长与社会的发展紧密地结合起来，从个人狭小的生活天地里走出来，从而实现崇高的人生目标。

因此，每天清晨，当我们起床后，都应该给予自己积极的心理暗示，有时候，如果你在内心告诉自己，我是健康的、积极的，那么，你就会健康、积极起来。假装热情，你也就会变得热情起来。然后照照镜子，给自己一个微笑，永远用你漂亮的面容，温暖而热情地对待你的家人。别忘了，是你主宰了你的家庭生活，你可以让每一天都光辉灿烂，也可以让每一天都阴暗忧郁。

第13章

欲望是毒，越放下，灵魂才越强大

节 制了欲望，人生才更精彩

食物、住房、健康乃至金钱，这是我们生存的物质基础。然而，这些东西若是拥有过度，就会让我们逐渐变成占有欲的奴隶。

——尼采《各种意见与箴言》

这段话中，尼采并没有否定物质和金钱的重要性，只是要告诉我们这样一个道理：对物质和金钱的追求一定要有度，要在合理范围内，不然我们就会沦为自己的奴隶。生活中，我们常听到："天下熙熙，皆为利来，天下攘攘，皆为利往。"的确，对于人们来说，金钱的威力是巨大的，金钱可以买到可口的饭食，可以买到华丽的服饰，可以享受舒适的服务，可以买到很多想得到的东西。可以说，没有钱是万万不能的。在市场经济条件下，一个人如果身无分文，将不得不面对寸步难行、无法生存的境地。可见，金钱，确实是人享受幸福生活的条件，但不是幸福生活的全部。"家有金山银山，不过一日三餐"，房子再大，晚上睡觉不过一张床，衣服再豪华，其作用也不过是遮丑避寒。其实，我们的需要极其有限。现实生活中，往往有些人在实现阶段性目标时做了与实现最终目标背道而驰的事，让手段掩盖了自己的目的。

石油大王洛克菲勒曾经写了一封信给他的儿子，信中有这样的内容："我的儿子，这个世界上，除了圣人，绝大多数人，都受到利益的驱使，这是一种特殊的力量，能将人们暴露在人性的外衣下。也就是说，利益是光照

人性的影子，在它面前，一切与道德、伦理有关的本质都将现形，且一览无余。也许你认为我的话有些绝对，但这么多年的经历告诉我事实就是这样的。在我少年时代，我已经认识到了金钱的重要性，但我同时也看到了更高层面的含义，它不仅能帮助我的家人过上衣食无忧的生活，更巧妙地投资，将这些钱花出去，能换来道德上的尊严，相比来说，我觉得后者更能让我激动不已。

我的儿子，没有比为了赚钱而赚钱的人更可怜、更可鄙，我懂得赚钱之道：要让金钱当我的奴隶，而不能让我当金钱的奴隶。我就是这样做的。”

的确，生活中，任何人都要生存，于是，他们因地因时制宜，千方百计去挣钱。有的出卖自己的劳动力，有的出卖自己的知识，有的出卖自己掌握的信息。然而，金钱，只有在消费它的时候，才能体现它的价值：放在家中，只是一堆废纸；存在银行，只是一个数字，并不比一个普通数字更能带来乐趣。当我们过分看重金钱时，金钱就失去了它原本的使用价值。

人们常说，没有金钱是万万不能的，但这并不代表金钱是万能的，金钱买不了健康、快乐、幸福。因此，我们不应过分地追求金钱，尤其是不能以破坏法律和道德的底线为代价。

子曰：“富与贵，人之所欲也，不以其道得之，不处也；贫与贱，是人之所恶也，不以其道得之，不去也。君子去仁，恶乎成名？君子无终食之间违仁，造次必于是，颠沛必于是。”

这句话的含义是：“钱和地位，这是人人都向往的，但如果不是用仁道的方式得来，君子是不接受的；贫穷低贱，这是人人都厌恶的，但如果不是用仁道的方式摆脱，君子是不摆脱的。君子一旦离开了仁道，还怎么成就好名声呢？所以，君子任何时候，哪怕是在吃完一顿饭的短暂时间里也不离开仁道，仓促匆忙的时候是这样，颠沛流离的时候也是这样。”

总之，“家有黄金万两，每日不过三顿；纵有大厦千座，每晚只占一间”。我们每个人对于物质财富的需要都是一定的，如果我们能看轻金钱，那么，我们就能放下很多苦恼，而最为重要的是，在学会自控之后，我们的

人生境界必定得到提高，人生必然畅意。

不要让轻快的心灵因欲望萎缩

拥有轻快的心灵，你便拥有了轻松完成各种事情的能力。然而，如果你认为自己没有如此轻快的心灵，那么，你就要多学知识、多接触文艺。那样，你的内心便会逐渐轻快起来了。

——尼采《人性的，太人性的》

在尼采的观点里，“轻快的心灵”应该是一种凡事顺其自然、不刻意追求结果的平淡心境。什么是轻快？轻快是一种心境，淡泊宁静，不计较得失，不在乎成败。这是一种睿智的生活态度和生活方式，是对现代文明压抑的一种反抗。

现实生活里，我们大多数人都渴望人生的丰富多彩，不遗余力地追求理想目标的实现，但往往事与愿违，而那些怀着轻快的心灵去工作和生活的人，却常常无心插柳柳成荫，收获意外的惊喜。

有人说，人不能改变过去，也不能控制将来，人能控制改变的只是此时此刻的心念、语言和行为。因此，一个人的生命无论长久与短暂，生命过程应该是丰富多彩的，人生的道路应该是宽阔有风景的，享受过程应该是愉快幸福的。我们每个人都应该珍惜每一天的到来。

有个年轻人叫包维尔，从小他就很喜欢摄影。

大学毕业后，他把所有的精力都放到了摄影上，也没有去找工作，过着贫穷的、简单的生活。在他看来，只要能够摄影就好，他吃着粗糙的粮食、穿着破了洞的牛仔裤，但因为可以摄影，他过得非常快乐。

就在他27岁那年，他的摄影技术开始得到了业界的认可，尤其是他的人物摄影，他成为世界公认的人物摄影大师，并为英国首相拍摄人物照，从此一发而不可收。

他至今为全世界一百多位总统、首相拍过人物摄影。请他摄影的世界名流更是数不胜数，排队等候一两年是常事。包维尔成为一个真正的世界顶尖级摄影大师。

从包维尔的故事中，我们得知，在人生目标的实现过程中，一个人只有内心平静、努力充实自己，等待时机，不骄不躁，日子就会过得悠然自得、从容不迫，才会找到自己的生活，完成自己的事业。

也许有人会说，人活着就是要奋斗，就是要努力工作。但这并不意味着我们要做一个工作狂。相反，在努力工作的同时，我们依然要懂得享受每一天美好的生活。享受生活归根结底是一种心境。享受的关键在于寻找快乐的人生，而快乐并不在于其拥有多少、获得多少、生活质量如何，而是在于其怎样看待周围的人和事情，怎样让自己有一颗接纳一切快乐事物的心。

一位头发花白的富翁某天来到沙滩散步，他发现，有个渔夫正在悠闲地晒着太阳，就问道："你为什么不打渔呢？"

渔夫反问道："为什么要打渔呢？"

"挣钱买大船啊！"

"买大渔船干什么？"

"打很多的鱼，你就可以成为富翁了。"

"成了富翁又能怎么样呢？"

"你就不用打渔了，可以幸福自在地晒太阳啦！"

"我不正在晒太阳吗？"富翁被说得哑口无言。

是啊，有时候我们苦苦追求的所谓的幸福与快乐，其实就在眼前，那又为什么不知足呢？我们中的很多人，也许经过多年的打拼和艰苦的奋斗，也会有所成就，难道一生就如此忙碌地拼搏到死吗？其实，享受真正的人生之旅比直到那旅程结束时还没有感受到快乐重要得多。

生活在商品经济的大潮里，每个人都要面对物欲横流的红尘世界诱惑，那些纷纷扰扰的现实，时刻都在迷惑着眼球，欲望追求加快了人们前进的脚步，总觉得不远处的鲜花和掌声正在向我们招手，不容我们用更多的时间去欣赏周遭的风景。当我们殚精竭虑地攫取了满怀的鲜花时，抑或白发苍苍时，突然会发现曾经在路边绽放的盈盈小花更加惹人爱怜，然而，我们常常已没有机会再回头去观赏它的淡雅美丽了。

可见，有时，我们要懂得享受过程，真正让我们得到满足的也是过程，人的一生也是如此，最美的不是结果，而是人生的旅途。

总之，生命的意义不仅仅在于要成就多么伟大的事业，实现崇高的人生目标，或者拥有多少的财富，也在于如何淡然地享受人生追求努力实现的过程中的愉快心情，感受人生过程里那份淡淡的幸福味道。

锤炼心智，摒弃对奢华物质的盲目追求

喜好奢侈的人并不是因为骄傲自大。他们认为自己需要那些实际上并不急需甚至是过剩的物品，只是因为他们的灵魂已经在奢侈之水中游荡了。

——尼采《曙光》

这里，尼采向我们表明了一些人为什么喜好奢侈之物的根本性原因。当然，他并不是鼓励人们喜好奢侈，相反，是要告诉人们，一个人，要锤炼强大的心智，就要摒弃对奢华物质的盲目追求。古话说：“艰难困苦，玉汝于成。”我们一定要学会在日常生活中培养自己吃苦耐劳的品质，在必要的“穷”和“苦”中得到锤炼，懂得以艰苦奋斗为荣，以骄奢淫逸为

耻，方才体会到靠自己的努力争取得来的快乐，也才懂得珍惜。

我们发现，在物质生活水平急速发展的社会，一些人形成了一种“唯钱是亲”的不健全人格。这很大一部分原因是：生活的环境过于优越，在金钱上铺张浪费。要知道，物质生活的奢华容易使人贪得无厌心，而对物质的追求往往又难以获得自我满足，这就是为何贪婪者大多并不快乐的根本原因。

一次，石油大王洛克菲勒拿到了儿子西恩的交际账单，他看后皱起了眉头，西恩最近在消费上实在有点过火了。于是，洛克菲勒来到办公室，开门见山地跟西恩谈起了这个话题。

“你不觉得你最近的交际费用有点太多了吗？我记得，我们的客户中没有什么皇宫贵族吧，可是怎么会花出去这么多钱，我猜想，大概是你以款待皇宫贵族的方式来款待一般客人吧，我并不是在乎钱，我想知道的是，你是不是也已经跟他们一样有了皇族一般的消费习惯。”

“可是，爸爸，这样做，完全是为了吸引客户啊，您想想看，在参观过我们的厂房后，难道只用一般的食堂套餐来招待那些贵宾吗？”

“西恩，我不否认应该展示公司的财力，但铺张浪费并不可取，客户们在乎的是我们能不能给他们带来利润，而不是浪费财富，他们是拒绝与这种傻瓜打交道的，客户也精明得很。那些一掷千金、花钱如流水的人，大多数顾客会对他敬而远之，因为他们会考虑对方所花的钱不正是通过跟他们的交易而得到的利益，并由此而产生动摇。”

停了一会儿，洛克菲勒的语气缓和了一些，“我们的金钱有两种用途，一种是投资事业，期待着高收益；另一种是通过使用来得到快乐与幸福。在花钱这一问题上，如果我们和周围的人比较，那么，我们的花销会越来越大，存款越来越少，能用在投资上的钱也越来越少。因此，我们必须控制住自己花钱的欲望，应该想到维持一定程度的生活水准便足矣，在此之上的宽裕不妨视之为自己努力的额外报酬——正餐后的甜点吧。”

西恩若有所思地说：“爸爸，或许真的是我错了，我会重新安排的。”

“西恩，我并不是强调你要去过苦行僧似的生活，那也是不现实的，但我必须让你树立正确的金钱观，钱财是有极大的用处的，积累财富的过程也不容易，而败家却很迅速。当然，如果你害怕自己控制不住花钱的坏习惯，你可以将这些钱帮助那些需要帮助的人，这些人实在太多了。”

这里，洛克菲勒向他的儿子以及所有年轻人传达了一个财富观——用之有度。洛克菲勒是这样解释的：人生为过客，你一生中拥有的任何东西都不属于你个人，而是被交到你手中的。这种观念带来责任感：你必须小心处理所拥有的一切，并正确地运用财富造福众人。

“贪者，恶之大也”“祸莫大于不知足”“非智之不足，非技之不胜，利令智昏，贪婪之心，才是天下祸机之所伏。”贪婪是人性的一大弱点。要摒弃对奢侈之物的盲目追求，我们需要做到：

1. 避免物质生活过于奢华

人们贪念的形成，多半都是从物质上开始的，有了点钱就更想有钱，住了楼房想住别墅，总是想吃高档食物，总是要买名牌衣服。要杜绝这一恶性循环，我们就应该做到避免物质生活过于奢华，而假若从小就注重生活的节俭，就可以有效杜绝奢侈的坏习惯。

2. 学会知足，享受简单的快乐

如果你能体会到和朋友一起聊天、和父母一起享受天伦之乐的快乐，你还会把眼光放在物质生活的追求上吗？

因此，在忙碌的工作之余，不妨让自己投身到人际关系中吧，从中获得乐趣，你就能变成一个心态阳光的人。

送礼表心意，但须有度

相信送礼的作用，注重送礼，不会被人感谢。收礼之人反而会觉得拿了烫手山芋。俗话说，礼物表心意，但必须掌握好度，否则只会令对方困扰。

——尼采《人性的，太人性的》

这里，尼采向我们阐述了送礼的精髓——送礼要有度。的确，无论古今还是中外，礼物都是传达感情的一种方式，很多无法表达的情感可以通过礼物表达出来。送礼既然是一门艺术，自有其约定俗成的规矩，送给谁、送什么、怎么送、送礼的期望值怎样，都已经自成一门学问。

然而，与人交际的过程中，不一定要赠送价格昂贵的礼物，尤其在商品多样化的现代社会，人们在挑选礼品时更要注重它的新奇性和多变性，因为这些礼物寄托着送礼人的情感。我们在与人初次打交道的过程中，更不可送礼过多，否则有献殷勤、谄媚之嫌。

唐朝贞观年间，西域回纥国是大唐的藩国。一次，回纥国为了表示对大唐的友好，便派使者缅伯高带了一批珍奇异宝去拜见唐王。在这批贡物中，最珍贵的要数一只罕见的珍禽——白天鹅。

缅伯高最担心的也是这只白天鹅，万一有个三长两短，可怎么向国王交代呢？所以，一路上，他亲自喂水喂食，一刻也不敢怠慢。这天，缅伯高来到沔阳河边，只见白天鹅伸长脖子，张着嘴巴，吃力地喘息着，缅伯高心中不忍，便打开笼子，把白天鹅带到水边让它喝了个痛快。谁知白天鹅喝足了水，合颈一扇翅膀，“扑喇喇”一声飞上了天！缅伯高向前一扑，只拔下几根羽毛，却没能抓住白天鹅，眼睁睁看着它飞得无影无踪，一时间，缅伯高捧着几根雪白的鹅毛，直愣愣地发呆，脑子里来来回回地想着一个问题：

“怎么办？进贡吗？拿什么去见唐太宗呢？回去吗？又怎敢去见回纥国王呢！”思前想后，缅伯高决定继续东行，他拿出一块洁白的绸子，不心翼翼地把鹅毛包好，又在绸子上题了一首诗：“天鹅贡唐朝，山重路更遥。沔阳河失宝，回纥情难抛。上奉唐天子，请罪缅伯高，物轻人意重，千里送鹅毛！”

缅伯高带着珠宝和鹅毛，披星戴月，不辞劳苦，不久就到了长安。唐太宗接见了缅伯高，缅伯高献上鹅毛。唐太宗看了那首诗，又听了缅伯高的诉说，非但没有怪罪他，反而觉得缅伯高忠诚老实，不辱使命，就重重地赏赐了他。

这就是“千里送鹅毛，礼轻情意重”的故事，你送的什么礼物，就能表达出你的什么心意，要么是酬谢，要么是求人，要么是联络感情等。所以，你选择的礼品必须与你的心意相符，并使受礼者觉得你的礼物非同寻常，倍感珍贵。而实际上，最能打动对方的礼物往往是根据对方的兴趣爱好选择的，并且是富有意义的、品质不凡的。因此，选择礼物时要考虑它的思想性、艺术性、趣味性、纪念性等多方面的因素，力求别出心裁，不落俗套。

一般来讲，礼物太轻又意义不大，很容易让对方误解为瞧不起他；礼物太贵重，又显得目的性太强。因此，以对方能够愉快接受为尺度，选择轻重适当的礼物。

我们在送礼时，应注意以下几点：

1. 送礼因人而异

给不同的人送礼，有不同的讲究。送给刚退休的人，你可以送一些旅游杂志或者按摩椅；对于生病的人，可以送一些营养品；对于外地来旅游的人，可以送当地的一些特产。但无论如何，都不要送对方不喜欢的礼物，因为送礼的最终目的是使别人身心愉悦。

2. 礼物切忌二手货

3. 不是所有人都喜欢实用的礼物

实用的礼物不但体现不了想象力，更没有心思。送礼要在实用和不实用之间，掌握好度。对高雅人士，一卷书可能比什么都强。礼品到底是礼品，不宜实用过头。

4. 不要在礼物上留下价格标签

无论你的礼物价值多少，都首先要撕掉价签。送一份明码标价的礼物，好像在提醒对方，你的礼物很贵重，好像你是在期待回赠。即使你是无心之失，也会让别人误会，造成不必要的尴尬。

5. 礼物要有美丽的包装

一定要精心挑选包装。再好的心意也需要美丽的包装，这样才可以显出你精心准备的诚心。

6. 礼物最好要有新意

现代人追求个性，越是奇特的礼物，人们越喜欢。如果要送礼给一个对什么也不感兴趣的人或什么也不缺的人，那真是最麻烦的事情。不妨动点脑筋，别出心裁的自己动手做一个礼物，自制的礼物是世上独一无二的，它会表达你的心思。

送出合适的礼物，既不让你花太多的冤枉钱，又能让别人感受到你的心意，丝毫没有任何的小气之嫌。俗话说：“千里送鹅毛，礼轻情意重。”只要用心，收礼物的人一定能感受到。一个会送礼的人，往往拥有好人缘和好的人际关系，能让人情为己所用，在成功的路上助自己一臂之力。

洒脱于世，权势不是羁绊

权势有时会左右生活，正因为如此，有些人更相信权势。但即便如此，有权有势之人也不是特殊的人，一些人已经逐渐注意到了这一点，也有一些知性的人，早已得知有权之人无足轻重，认识谁并不重要。然而，大多数人依旧沉迷于幻影之中。

——尼采《各种意见与箴言》

尼采这段话的含义是，那些被人看重的权势，其实只是幻影而已，那些

拥有权势的人，也并非是真正拥有某种力量。也就是说，他要告诫我们，我们不必对权势太过看重，要学会做一个洒脱的人。

我们不可否认，古今中外，权势就像一个耀眼的光环一般，让人们锲而不舍。人们有了金钱之后，就会把目光转向权势，他们渴望一呼百应的日子，他们享受众星捧月的感觉，而事实上，正如尼采所言，这都是幻影而已，一个真正有力量的人，不一定是所谓的有权有势之人。对权势的渴望，让这些人逐渐忘记了人最初的追求是快乐。有人说，人生如同一条河流，有其源头，有其流程，当然也有其终点，而不管流程有多长或有多短，终究都会到达终点，流入海洋。那么在我们活着的时候，为什么非要抓着权势不放呢?

春秋后期，越国的名臣范蠡，精通韬略，足智多谋，拜为大夫。勾践三年，吴王夫差大破越军，越王勾践俯首称臣。作为越国大夫的范蠡在吴国做了两年的人质，三年后回到越国，他与文仲拟定兴越灭吴九术，策划和组织了越国“十年生聚，十年教训”的复国大计。为了实施灭吴战略，利用“美人计”，范蠡亲自跋山涉水，终于在苎萝山浣纱河找到西施，并帮助西施谱写了深明大义献身吴王，里应外合兴越灭吴的传奇篇章。

范蠡追随越王勾践二十多年，苦身戮力于灭吴，成就越王霸业，被尊为上将军。他辅佐勾践卧薪尝胆，图强雪耻。然而范蠡深知勾践为人，只可同患难，不可共安乐，于是在举国欢庆之时，范蠡急流勇退，携妻带子，秘密离开了越国。

后来，他辗转来到齐国，改了姓名，带领儿子和门徒在海边结庐而居，垦荒耕作，兼营副业并经商，没过几年，就积累了数千万家产。他仗义疏财，范蠡的贤明能干被齐人赏识，齐王把他请进国都临淄，拜为主持政务的相国。他喟然感叹：“居官致于卿相，治家能致千金；对于一个白手起家的布衣来讲，已经到了极点。久受尊名，恐怕不是吉祥的征兆。”于是，三年后，他再次急流勇退，向齐王归还了相印，散尽家财。

就这样，一身布衣的范蠡第三次迁徙到了陶，在这个居于“天下之中”的最佳经商之地，他重新经商，没过几年，成了巨富，于是自称“陶朱公”。

范蠡的这种做法并不是“夹着尾巴做人”，更不是自命不凡的清高，而是光明磊落的稳重，胸无城府的坦然，是一种能及时放弃权势的勇气。

诚然，人因为有追求才会有进步，但凡事有度，如果太过专注那些虚无缥缈的追求而忽视了眼前的东西，那就本末倒置了。毕竟，不是每个人都能成为比尔·盖茨，也不是每个人都能成为政界豪客。所以，要想活得轻松，活得快乐，就要学会舍得，舍弃那些束缚自己的事与物，舍弃永不知足的欲望，那么，你收获的就是一颗平常心，一份淡然的快乐！

当生活越简单时，生命反而越丰富，尤其是少了那些对所谓的权势的追求，我们越是能够从世俗的深渊中脱身，感受到自己内心深处的宽广和明净。因此，每一个人都应懂得修剪自己的欲望。

人生是短暂的，因此，我们大可以洒脱一点，权势也只不过是虚无缥缈的幻影而已，只有快乐才是我们应该追求的终极目标。因此，作一个洒脱的人吧，尽情享受生活的乐趣，不管你是贫穷还是富有，聪明还是愚笨，只要你有一颗快乐的心，你的人生就会充满乐趣，就会五彩缤纷。

拥有一双神奇的眼睛，做个有独创性的人

那些吸引眼球的人，并非有实质的独创性，只是因为他们渴望与众不同、引人注目。真正的具有独创性的人有一大特征，那就是他们拥有一双神奇的眼睛，他们能发现众人未察觉的事物。

——尼采《快乐的知识》

这里，尼采强调的是观察力在创新过程中的重要性。我们都知道，古

今中外，任何一个成功者，都具有一些共同的特质：积极主动，富有创造力。而那些失败的人，也并非是因为他不够努力，而是因为他人云亦云，总是在走别人的老路。比尔·盖茨说："所谓机会，就是去尝试新的、没做过的事。可惜在微软神话下，许多人要做的，仅仅是去重复微软的一切。这些不敢创新、不敢冒险的人，要不了多久就会丧失竞争力，又哪来成功的机会呢？"而创造力从何而来？来源于对日常生活的观察和体验，来源于一双神奇的眼睛。

生活中那些渴望成为具有独创性的人们，必须要学会做个有个性的、善于观察的人。在日常生活中多留个心眼，也许你就能有意外的发现。

我们熟悉的玛丽·居里夫人的丈夫比埃尔·居里就是一个善于观察，对观察充满兴趣的人。

比埃尔·居里于1859年5月15日生于巴黎一个医生家庭里。他在童年和少年时期，并没有显示出与众不同的聪明。那时候的他在性格上好个人沉思，不易改变思路，沉默寡言，反应缓慢，不适应普通学校的灌注式知识训练，不能跟班学习，人们都说他心灵迟钝，所以从小没有进过小学和中学。

为此，父亲常带他到乡间采集动、植、矿物标本，培养了他对自然的浓厚兴趣，学到了如何观察事物和如何解释它们的初步方法。居里14岁时，父母为他请了一位数理教师，他的数理进步极快，16岁便考得理学学士学位，进入巴黎大学后两年，又取得物理学硕士学位。1880年，他21岁时，和他哥哥雅克·居里一起研究晶体的特性，发现了晶体的压电效应。1891年，他研究物质的磁性与温度的关系，建立了居里定律。他在进行科学研究中，还自己创造和改进了许多新仪器，例如居里天平、居里静电计等。

从比埃尔·居里的故事中，我们可以发现，他在物理上的成就，得益于他早年对大自然的兴趣。的确，深层次的大脑活动都是从最基础的表象开始的，如果你能对周围的事物保持敏锐的观察力，激发自己求知的兴趣，那么，你就会学有所获。

一个人的观察力如何，直接关系到其一生。因为观察力是我们获取信

息和资料的重要途径。不会观察者，是不可能拥有杰出的智慧，也不可能成就非凡的事业。所以观察力很重要。我们每一个人，都应该学做生活的有心人，在生活中有意识地提高自己的观察力。

那么，我们该如何在生活中提高观察力呢？

1. 多看

人们常说："两耳不闻窗外事，一心只读圣贤书。"其实，在启发形象思维这一点上，你必须学会多看，看看大自然，看看新闻，看看周边的人和事，用你的眼睛去感触外面的世界，你才会获取更多直观的知识，才有继续探讨的兴趣和热情。

当然，多看并不是说要你在学习的同时三心二意，而是说你应该保持敏锐的观察力，不"读死书""死读书"。

2. 多听

我们都长着一双倾听世界的耳朵，当蜜蜂从你耳边飞过的时候，你有什么感悟？当你听到两段不同的曲子时，你的心情又有什么变化？不同的鼓敲出来的声音为什么不一样……让你的耳朵随时保持敏锐的状态，你就能听出一个与众不同的世界。

3. 多想

看与听都是形象思维的初级阶段，对你所收集的材料，如果不经过大脑的处理，那些材料只能成为废弃物。因此，开发你的大脑，找到答案，你会发现，不断探究的过程别有一番趣味。

总之，任何人，要想建筑成功的大厦，就必须有先天的或经后天培养而成的兴趣基础。有了兴趣，才有可能培养和形成敏锐的感觉与反应，累积可供运用和发挥的技术与技巧。有了兴趣，才有无穷的动力使你在某个领域越钻越深。有了兴趣，才有勤奋，才能成就辉煌和成功。

第14章

内心的充实来自于学习，学习才能消除忧虑

人生充实的良方在学习

同样的事物，有的人能看出很多东西来，有些人却很难做到。导致这一差距的原因是能力吗？事实并非如此，因为我们该挖掘的并非事物本身，而是我们自己。也就是说，不必去寻找内涵丰富的事物，而要充实自己。

——尼采《快乐的知识》

从尼采这段话里，我们可以明白的一点是，无限财富在自身。的确，人的潜能是无限的，它是人的能力中未被开发的部分，它犹如一座待开发的金矿，蕴藏无穷，价值无比。一个人最大的成功，就是他的潜在能力得到最大限度的发挥。但这一前提是，无论你的理想多么崇高，要实现它就必须勤奋努力，朝着目标一步一步地迈进。

生活中的我们也是这样，如果现在你认为自己还能力不足，不足以掌控自己现在拥有的人脉圈子，那么，你就要努力充实自己。现在这个竞争激烈的社会，优秀的人太多了，如果你不努力，怎能让一切“秀”出来？有谁来发掘你的才华？只有懂得找准自己位置，发掘自己长处，让机遇光临你，才能创造人生价值！

60年前，加拿大一位叫让·克雷蒂安的少年，说话口吃，曾因疾病导致左脸局部麻痹，嘴角畸形，讲话时嘴巴总是向一边歪，而且还有一只耳朵失

聪。听一位医学专家说，嘴里含着小石子讲话可以矫正口吃，克雷蒂安就整日在嘴里含着一块小石子练习讲话，以致嘴巴和舌头都被石子磨烂了。

母亲看后心疼得直流眼泪，她抱着儿子说："孩子，不要练了，妈妈会一辈子陪着你。"克雷蒂安一边替妈妈擦着眼泪，一边坚强地说："妈妈，听说每一只漂亮的蝴蝶，都是自己冲破束缚它的茧之后才变成的。我一定要讲好话，做一只漂亮的蝴蝶。"

功夫不负有心人。终于，克雷蒂安能够流利地讲话了。他勤奋且善良，中学毕业时不仅取得了优异的成绩，而且还获得了极好的人缘。

1993年10月，克雷蒂安参加加拿大总理大选时，他的对手大力攻击、嘲笑他的脸部缺陷。对手曾极不道德地说："你们要这样的人来当你的总理吗？"然而，对手的这种恶意攻击却招致大部分选民的愤怒和谴责。当人们知道克雷蒂安的成长经历后，都给予他极大的同情和尊敬。在竞选演说中，克雷蒂安诚恳地对选民说："我要带领国家和人民成为一只美丽的蝴蝶。"结果，他以极大的优势当选为加拿大总理，并在1997年成功地获得连任，被国人亲切地称为"蝴蝶总理"。

一个口吃少年变成人人敬仰的"蝴蝶总理"，他真的如蝴蝶一样，实现了自己人生的蜕变。在他的成功之路上，真正的动力就辛勤和努力。虽然他刚开始有缺陷，但也正是缺陷的存在，才使得他认识到幸福与尽早努力的关系。

人们常说，金子在哪里都会发光，但你若希望自己大放光彩，首先就要把自己历练成一块金子，毫无真才实学，你是无法成为别人敬仰的对象的。因此，如果你想在IT行业认识一些前辈级的人物，那么，你首先应该提高自己在编程和组织架构上的能力；如果你想在金融行业站稳脚跟，你就应该事业做到对金融业相关知识了如指掌；如果你想成为一名令人尊敬的老师，你首先就应该在传道授业解惑上孜孜不倦……"机遇是留给有准备的人"这句话是有道理的。美国篮球名将乔丹对此深有体会，他说："机会是为有准备的人而准备的。抓紧所有的时间，让力量发挥到极致，那些斑斓多彩的机会，一个个就会来到这些人面前了。”因此，现阶段，你要做的就是为未来做准备，充实自己的内在。

总之，这是一个靠实力说话的时代。有了实力，你才会被重视，在工作中，你的意见和建议才会引起上级的关注。实力可以让你体会工作的乐趣，以及自己创作的价值，最关键的是可以获得幸福感。

秉持谦逊的心态，享受学习

对学习感受到乐趣的人，通常是那些对学习的东西只是一知半解的人，因此，保持一知半解时享受学习的感觉。

——尼采《人性的，太人性的》

不难理解，这句话的含义是，学习一定要保持谦虚的心态。以学外语为例，与那些说一口流利的人相比，初学者上升的空间更大，他们也更愿意花费时间和精力来学习，也更能享受学习外语的快乐。其实，不仅是学习外语，无论什么刚开始的兴趣爱好，总能让人爱不释手。

中国人常说，谦虚使人进步，骄傲使人落后。的确，一个人，只有保持积极进取的心态，承认自己的不足，才能认识到学无止境的含义，才能放开眼界，不断地吸收新的知识。因为一个谦虚的人能学到更多东西。列夫·托尔斯泰说：“一个人就好像是一个分数，他的实际才能好比分子，而他对自己的估价好比分母，分母越大，则分数的值越小。”

生活中的人们，你可能会觉得自己比他人聪明、学习能力比他人强，但你更应该将自己的注意力放在他人的强项上，只有这样，你才能看到自己的肤浅和无知。谦虚会让你看到自己的短处，这种压力会促使你在事业中不断

地进步。实际上，历史上有许多杰出的人士都非常注重向别人学习。同时，一个人有才能是件值得佩服的事，如果再能用谦虚的美德来装饰，那就更值得敬佩了。

洪堡是德国著名的探险家、自然科学家，是近代气候学、自然地理学、植物地理学和地球物理学的创始人之一，他对生物学和地质学有很深的造诣，在科学界享有极高的声誉，被当时的人们尊为“现代科学之父”。

尽管如此，洪堡却是一个十分谦逊的人。他尊重别人，从不自满，直到晚年还刻苦学习。在柏林大学的一间教室里，每当著名的博克教授讲授希腊文学和考古学的时候，课堂里总是挤满了学生。在这些青年学生中间，人们常常会看到一位身材不高、穿着棕色长袍的老人。这位白发苍苍的老人也像别的学生一样，全神贯注地听课，认真地做着笔记。晚上，在里特教授讲授自然地理学的课堂里，也经常出现这位老者的身影。有一次，里特教授在讲一个重要地理问题时，引用了洪堡的话作为权威性的依据。这时，大家都把敬佩的目光投向这位老人。只见他站起身来，向大家微微鞠了一躬，又伏身课桌，继续写他的笔记。原来，这位老人就是洪堡。

洪堡曾说过：“伟大只不过是谦逊的别名。”他正是这样一位谦逊的伟人。越是有成就的人，越是深知谦虚学习的重要性，“梅须逊雪三分白，雪却输梅一段香。”一个人要想真有长进，不仅需要谦逊，而且还要有雅量，要放下架子，不耻下问。伟人尚且能做到如此，那么，生活中的我们呢？是否也应该反省一下，找出自己的不足，然后通过学习加以弥补呢？

谦虚是一种成功品质，你若想获得进步，前提就是要谦虚地看待自己。那么，怎样才能变得谦虚一些呢？你可以这样培养这一性格：

1. 看到自己的不足

你需要明白的是，无论你现在在同事、朋友中间是多么优秀，你总是存在一些不足的地方的，你应该了解这一点。你可以找一张纸写下自己做不到但是别人能做到的事情，这让你更真实地接纳自己——既不自夸也不过分自卑。

2. 让好奇心引导你探求知识

可能你觉得现在的自己已经具备了很多知识，但事实真的如此吗？再退一步讲，人生的知识并不是书本上的，你真的对周围生活和自然以及各个方面都了如指掌吗？如果你觉得自己什么都懂，你多半不会是一个谦虚的人，实际上，越是知识渊博的人越是发现自己知道的少。培养好奇心也可以达到同样的效果，越是充满好奇越是对未知充满敬畏，也就越谦虚。

3. 多主动请教他人，看到自己的不足

一个人取得成就后，容易自满，看不到自己需要改进的地方，那么，你可以主动请教他人，让他人从旁观者的角度帮你指出来。一般情况下，对方都乐于向你传授经验和教训的。

4. 切实提高自己各方面能力

一个人只专注于某一方面特长或者某一爱好，一般在此方面投入的精力就多，期望也就越多，也就容易取得成绩，也容易自满，但“人外有人，山外有山”，即使你这次成功了，并不一定代表你永远成功。而如果你能提升自己多方面的能力、兴趣、爱好等，那么，你在拓展视野的同时，也会学习到各种抗挫折的能力、知识、经验等，具有较完善的人格，这对于提高自己的自理能力、交往能力、学习能力和应变能力都有很大的帮助，也有助于你独自战胜困难。

5. 勇于创新

骄傲自满，你将很快就被超越。只有不断进步，才能获得更强的竞争力。然而，没有创新就不可能进步。因此，你应该将自己的求知欲望和求知兴趣激发出来，鼓励自己多参与动脑、动手、动眼、动口，使自己善于发现问题，提出问题，并尝试用自己的思路去解决问题。

总之，因为虚心的力量是巨大的。它既让我们的头脑保持清醒，又会为我们创造左右逢源的生存和成长的环境。

你该阅读哪些书籍

这样的书是我们该看的：看完之后，令我们能看到全新世界的书；能带领我们进入另一领域的书；能净化我们的心灵的书；能带给我们感受到新的知识的书。

——尼采《快乐的知识》

这里，尼采告诉了我们几条选择书籍时的参考因素。曾经有人说，人的灵魂不能浅薄，庸俗，无聊，它永远在追求最高尚的东西。使之高尚的重要渠道就是读书。书是使人类进步的阶梯；书是智慧的殿堂，珍藏着人生思想的精华；书是金玉良言的宝库。

歌德说："读一本好书，就是和许多高尚的人谈话。"书籍是智慧的源泉。然而，什么样的书才算是好书呢？我们不妨先来看下面一个囚犯的日记：

自从穿上了这身囚服，我才知道什么叫寂寞，我才发现自由是多么可贵。我仿佛有一种无法倾诉的无奈，仿佛广袤沙漠里没有一丝风。牢房里，虽然不乏各种新闻，也不乏各种话题，但我不感兴趣。环境特殊，彼此都害怕对方窥视自己的内心世界，所以人人都不得不心墙高筑。在这种氛围里，那份孤独就显得更加沉重和百无聊赖。

于是，为了打发时光，空余时间我便拿出书来读。刚开始，我看的是一些修养身心的书，我不急不躁，细嚼慢咽，居然读了进去。接下来，我又喜欢上了一些道德、法律方面的书，竟让我读出了心得，读出了情感。到后来，我已不光读，而是在"听"了——听哲人谈人生道理，听名人谈生活经验，听学者对世事的看法，听强者怎样面对挫折。

时间久了，读的书多了，我才发现自己真的错了，以身试法是多么愚蠢啊，不过现在还来得及。于是，我拿起久违的笔抒发对亲人的思念、检讨曾

经的得失……一篇文章的构思过程，就是一次心灵净化与充实的过程，虽然难免有忧伤，有惆怅，但却不浮躁，不空虚。曾经失落、沮丧的心绪已渐渐舒展，漫长的时光已不再无聊，不再孤寂。这是否算一种境界，一分收获？

我曾经暗叹漫长的牢狱生活，如今却发现如果能够做到把刑期当学期，便可以学到许多对自己有用的知识，学会在寂寞中充实自己，人生才会感到充实，才能得到许多意想不到的收获！

看到这篇日记，我们不得不感到欣慰，孤寂的牢狱生活并没有让他再次堕落，他选择了以读书来充实自己的内心。因此，我们可以确定，他所读的书是能开启他正确人生之路的钥匙，在读书的过程中，心与书的交流，是一种滋润，也是内省与自察。伴随着感悟与体会，淡淡的喜悦在心头升起，浮荡的灵魂也渐归平静，让自己始终保持着一份纯净而又向上的心态，不失信心地切入现实，介入生活，创造生活。

英国作家汤玛斯说："书籍超越了时间的藩篱，它可以把我们从狭窄的目前，延伸到过去和未来。"读书是一趟深入自我的探险旅程，是实现自身价值的一种途径，书籍的背后是一种文化的底蕴，有了这种探险的历程和这种文化的力量，我们定会在一本本书中看清自己，看清过去和未来，并在不间断的思考中燃亮自己的潜能，走出狭隘，驱散浮躁，在心中开启一扇扇智慧之窗，开阔视野，涵养性情，丰富自我，修炼人格，为步入幸福的殿堂开辟一条绿色通道。

你需要做到：

1. 去伪存真，学会挑选健康、积极、有益于自己身心发展的书刊

我们不得不承认，现在市场上充斥着各种书刊，并不是什么书都能起到充实心灵的作用，真正有品位，适合鉴赏的寥寥无几。因此，在阅读这一问题上，我们并不一定要求读书的数量，而应该重质量。你可以向那些知识丰富者请教，让他们对你的阅读给出一些指导性意见。

2. 注意培养自己的阅读方法

要学会带着感情阅读，这有利于培养自己表达能力以及想象力。另外，

你还可以写一些读书笔记，写出自己的感受。另外，睡前阅读是最佳阅读时机，浅睡眠时期最容易进行无意识的记忆，因此睡前的阅读一定要把握。

3. 将书本上的知识与生活认知结合起来

比如，在周末你读完一本海洋动物的书，就可以去海洋馆看看海豚、海豹到底是什么样子；看过植物书后，就可以去野外认识各种可爱的植物。这样就可以使阅读变得很有趣，你的读书兴趣就会逐渐建立起来。

书中自是知识的海洋，读什么书，怎样读，都能对我们产生不同的作用。读一本好书，我们才会从书中获得真正的知识！

学以致用，别为了模仿而学习

最糟糕的读者，是无法真正掌握书本内容的人，他们如同窃贼一样读书，为此，我们在读书时一定要小心，不要成为那样的读者。

——尼采《各种意见与箴言》

其实，除了尼采这段话中的观点外，我们也不难发现，生活中有不少这样的读者，他们在读书时，会有目的地选择一些东西，然后断章取义地认为这是书本的全部观点，甚至把它作为与他人交谈的谈资。其实，这种读书的态度和方法不仅不能学习到真正的知识，还是对书籍作者的一种不尊重。

在尼采看来，他把这种读者称为“最糟糕的读者”。这里，涉及我们如何读书的问题。对此，我们给出以下建议：

1. 要泛读

这里所谓的泛读，就是先将书籍通读一遍，这样做的好处在于，能对书籍的内容进行一个大致的了解，对作者的思想进行整体把握，也能找到不能理解的地方。

2. 要精读

这是相对于第一步而言的，所谓精读，带着泛读时的问题再读一遍。俗话说，“书读百遍，其义自现。”再去回味一遍作者的文字，很容易能帮助我们找到那些疑难问题的答案。

事实上，凡是那些有深度的书籍，我们也是无法通过一遍简单的阅读就能真正领略到作者的语言魅力、思想精髓的，只有反复不断地推敲和咀嚼，我们才能真正学习到令自己耳目一新的知识。

3. 要形成自己的见解和观点

女低音歌唱家福雷斯特曾经说过这样一句话：“我们可以由读书而搜集知识，但必须利用思考把糠和谷子分开。”这句话的意思很简单，就是告诉我们，无论学习什么内容，读什么书，都要带着大脑去学习，只有经过思考的学习，才是鲜活的知识。

因此，在读书的过程中，你也要养成多动脑的习惯，思考是提出质疑、发现新问题的前提，许多非常成功的人，都是善于思考的。牛顿通过对苹果落地现象的质疑产生了关于重力的思想。爱因斯坦通过对太阳的质疑产生了关于相对论的思想。爱迪生因为最爱向老师问“为什么”而成为伟大的发明家。一个只知记忆，不善思考，不敢质疑问难的人，不会有创新能力，只能是一个平平庸庸的人。

的确，勇敢地提问、敢于质疑，你对知识的理解才更深刻、更全面。同时，大胆地对问题提出不同的见解，激发自己的求知欲，你就会获取更多的知识，这才是真正的学无止境。

黎锦熙是我国著名的国学大师，他曾在湖南办报，当时帮他誊写文稿的有三个人。

第一个抄写员沉默寡言，只是老老实实地抄写文稿，错字、别字也照抄不误，后来这个人一直默默无闻。

第二个抄写员则非常认真，对每份稿件都先进行认真仔细地检查，然后才抄写。遇到错字、病句都要改正过来。后来，这个抄写员写了一首歌词，

经聂耳谱曲后命名为《义勇军进行曲》，他就是田汉。

第三个抄写员则与众不同，他也仔细看每份文稿，同时积极思考，认真地推敲，但他只抄意见和观点正确的文稿，对那些意见和观点谬误的文稿则随手扔掉，一句也不抄。后来，这个人建立了以《义勇军进行曲》为国歌的中华人民共和国，他就是毛泽东。

“三个抄写员的故事”告诉我们：认真学习或做事是重要的，而积极思考、敢于质疑和创新更为重要。

总之，读书的过程就是不断学习的过程，要想有所收获，我们就要有正确的读书和学习的方法，绝不能断章取义、做最糟糕的读者，我们不但要理解作者的思想，更要有形成自己的观点。遵循以上几个步骤，久而久之，你就能培养出善于想象的习惯了。

学会思考，看清事物的本质

观察事物时，我们要有看透事物本质的慧眼，而不能被一些迷惑性的表象蒙蔽。

——尼采《漂泊者及其影子》

尼采的这句话是要告诉我们，事实的真相往往都不会直接展示给人们看。要想找到事实真相，我们就要学会思考，从而练就看清事物本质的能力。

日常生活中，我们接触到事物的第一器官通常是眼睛，人们常说“耳听为虚，眼见为实”，但事实上，肉眼看到的也并非是事实的全部。因为事物的表象往往具有迷惑作用，要想拨开迷雾，你就要善于思考、运用逻辑思维。因为逻辑思维既不同于以动作为支柱的动作思维，也不同于以表象为凭借的形象思维，它已摆脱了对感性材料的依赖。

德国诗人布莱希特曾说过："思考是人类最大的乐趣。"这句话道明了思维在一个人的生活中产生的重大作用。可以这样说，人的一切发明与创造都源于思维活动。一个人一生的成就，全归功于他能建设性地、积极性地利用自己的大脑。因此，我们在日常生活中也要多开动自己的大脑，这样，才能透过现象看本质，找到我们需要的答案。

曾经有两个人，他们一起出差。这天，工作任务完成的他们来到大街上闲逛，其中一个人看见路边一个老妇在卖一只黑色的铁猫，细心的他发现，这只铁猫的眼睛很特别，应该是宝石做的，于是，他询问老妇能不能用一整只铁猫的价钱来买一双眼睛，老妇虽然不大高兴，但最终还是同意了，然后把这只铁猫的眼珠子取出来卖给了他。

回到宾馆以后，他迫不及待地把自己的经历告诉了同伴。同伴听完后，问清楚了事情的前因后果，然后问他老妇在哪里，说自己想买剩下的那只铁猫。

于是，他便把地点告诉了同伴，同伴拿了钱立即就去寻老妇去了，一会儿，他把铁猫抱了回来。他说，既然这只铁猫的眼睛都是宝石做成的，那么，这只铁猫的猫身肯定也价值不菲，于是，他拿起铁锤往铁猫身上敲，铁屑掉落后发现铁猫的内质竟然是用黄金铸成的。

这里，我们不得不佩服这个最后买走缺了眼睛的铁猫的人，他的思维是独特的。的确，既然猫的眼睛是宝石做的，那么它的身体肯定不会是铁。正是这种逆向思维使他摒弃了铁猫的表象，发现了猫的黄金内质。

生活中，我们经常说，方法总比问题多，事实上，面对那些疑惑重重的事物，人们都不愿意开动脑筋去寻找方法，因为这是一件伤脑筋的工作，于是，为了保险起见，我们更愿意使用前辈们已经传授给我们的方法和经验，而这却容易使得我们陷入思维的惯性中，即按固定的思路去想问题，而不愿意换个角度、换种方式去想，拘泥于某种模式。这样不仅不利于问题的更好解决，更是阻碍了我们的思维活跃性。

总之，在日常的生活和工作中，我们养成凡事不要看表象的习惯，有问题时就要有寻根溯源的愿望，然后运用各种思维方法找到答案。

参考文献

[1]林凯.内心强大的力量：每天读点尼采心理学[M].背景：中国商业出版社，2015.

[2]（德）尼采 著，刘大悲，余鸿荣　译.尼采解忧书[M].重庆：重庆出版社，2015.

[3]（德）尼采 著，李千驹 译.每一个不曾鼓舞的日子，都是对生命的辜负[M].长春：吉林出版集团有限责任公司，2016.

[4]尼采 著，杨恒达　等译.尼采全集[M].北京：中国人民大学出版社,2013.

[5]（德）尼采 著，孙周兴 译.查拉图斯特拉如是说[M].上海：商务印书馆，2010.